Usos de la inteligencia artificial en la empresa

Yolanda López Benítez

ic editorial

Usos de la inteligencia artificial en la empresa
© Yolanda López Benítez

1ª Edición

© IC Editorial, 2025

Editado por: IC Editorial
c/ Cueva de Viera, 2, Local 3
Centro Negocios CADI
29200 Antequera (Málaga)
Teléfono: 952 70 60 04
Fax: 952 84 55 03
Correo electrónico: iceditorial@iceditorial.com
Internet: www.iceditorial.com

ISBN: 978-84-1184-533-5
Depósito Legal: MA 12-2025

Impresión: PODiPrint
Impreso en Andalucía – España

Nota de la editorial: IC Editorial pertenece a Innovación y Cualificación S. L.

Índice

OBJETIVOS GENERALES

Los objetivos generales del título **Usos de la inteligencia artificial en la empresa** son los siguientes:

- ➲ Adquirir conocimientos sobre las tecnologías asociadas a la empresa, así como su uso.
- ➲ Adquirir conocimientos sobre las aplicaciones de la inteligencia artificial en la empresa.
- ➲ Revelar las oportunidades que ofrecen la inteligencia artificial y el *Big Data* para el mundo de las empresas, descubriendo herramientas que tienen integrado este tipo de tecnología y métodos de trabajo que sirven para fomentar una cultura *Data Driven* dentro de los negocios para ser más competitivos.

Aplicaciones en la empresa

Contenido

1. Introducción
2. Recursos humanos y técnicas de datos: *People Analytics*
3. Predicción: *stocks,* demandas, comportamientos
4. Segmentación: análisis de oferta. Identificar tendencias.
5. Fidelización de clientes usando aprendizaje reforzado
6. Estrategias nacionales para el desarrollo de la inteligencia artificial
7. Recomendaciones web
8. Mejora de procesos
9. Resumen

Objetivos

El objetivo general de esta Unidad de Aprendizaje es:

→ Revelar las oportunidades que ofrecen la inteligencia artificial y el *Big Data* para el mundo de las empresas, descubriendo herramientas que tienen integradas este tipo de tecnología y métodos de trabajo que sirven para fomentar una cultura *Data Driven* dentro de los negocios para ser más competitivos.

Los objetivos específicos de esta Unidad de Aprendizaje son:

→ Describir *People Analytics* como recurso empresarial basado en inteligencia artificial para la gestión de personal, descubriendo qué distingue esta filosofía de otras fórmulas convencionales.

→ Identificar los beneficios que supone para una empresa implementar técnicas que engloba la metodología *People Analytics,* destacando aspectos clave de este recurso para la retención del talento.

→ Promocionar la cultura *Data Driven* y sus beneficios, destacando las facilidades que ofrece la inteligencia artificial para la gestión de grandes volúmenes de datos.

→ Aprender a acondicionar los datos de una empresa para construir un modelo de *People Analytics,* conociendo los pasos que se han de dar.

→ Indicar la clave para crear estrategias de *Social Media* eficaces, conociendo los beneficios que reporta el uso de la inteligencia artificial para la investigación del mercado.

→ Señalar las ventajas que aporta a las empresas el uso de la inteligencia artificial atendiendo a los factores que caracterizan esta tecnología.

1. Introducción

La inteligencia artificial es, para el ecosistema empresarial, una gran fuente de oportunidades para ganar rentabilidad, logrando que este sea más productivo.

La utilización de tecnología inteligente por parte de los negocios no es solo un recurso que permite el ahorro de tiempo, sino también un importante instrumento para automatizar procesos organizativos y tomar decisiones con un gran impacto económico.

Son muchas las aplicaciones del aprendizaje automático en las empresas, y grandes sus ventajas y beneficios. Sin embargo, puede resultar algo tedioso pensar en implementar la inteligencia artificial dentro de una organización o negocio sin una cultura *Data Driven* si no se conoce el gran potencial que esta ciencia puede aportar.

En esta unidad descubrirás una metodología protagonizada por la inteligencia artificial que cambiará la manera en la que las organizaciones innovan a la hora de gestionar a su personal. También conocerás iniciativas públicas y privadas para facilitar una infraestructura de carácter holístico que servirá para impulsar la actividad económica y el desarrollo de la sociedad. Finalmente, sabrás de una relación de importantes beneficios que vienen de la mano de la inteligencia artificial y que serán significativos para decidir, a nivel de empresa, cómo se ha de sobrevivir y ser más competitivo con la ayuda de las nuevas tecnologías.

Para ello, vamos a seguir el caso de Stephanie, con la que, a través de su experiencia, vamos a adentrarnos en el fascinante mundo de la inteligencia artificial.

2. Recursos humanos y técnicas de datos: *People Analytics*

 **HILO CONDUCTOR**

Stephanie tiene grandes miras que nada tienen que ver con la codicia. Su ambición le llevó a perseguir una innovadora idea de negocio que descubrió en un sueño cuando a su hijo le diagnosticaron una dura enfermedad. Ahora que ya

Continúa en página siguiente >>

conoce las virtudes de la inteligencia artificial, tratará de poner en marcha una clínica especializada en tratamientos individualizados basados en la información que recopilará y explotará la inteligencia artificial. Sin embargo, y aunque todo esto lo tiene muy claro, Stephanie tendrá que abordar cómo gestionar el capital humano que formará parte de su clínica. ¿Contará Stephanie con algún tipo de tecnología capaz de detectar profesionales con suficiente talento?

Las nuevas tecnologías basadas en la inteligencia artificial y en el *Big Data* pueden aplicarse en múltiples campos en el ámbito empresarial. Sin duda, una de las áreas más favorecidas a nivel organizativo es la relacionada con el capital humano, ya que se trata del mayor activo.

La cultura *Data Driven* implica la realización de un análisis de personas dentro de las organizaciones con una perspectiva basada en los datos. Esto permite gestionar de forma eficaz la mayor riqueza que tiene una empresa: su recurso humano.

¿Cómo impacta la tecnología inteligente en el departamento de recursos humanos?

A grandes rasgos, las nuevas tecnologías enfocadas a *Data Driven* mejoran aspectos tan importantes como:

Gestión del talento
- Sirve para la identificación el talento dentro del equipo humano; también para la captación. Permite detectar en el personal aquellas competencias clave tan importantes para las organizaciones. La identificación del talento es el primer paso para poder gestionarlo con corrección, comprendiendo cuáles son sus necesidades implícitas y evitando así el daño que provoca la fuga de talentos.

Detección de áreas de mejora
- Identifica qué áreas competenciales se han de desarrollar para sacar el mayor potencial del personal. También hace mediciones del entorno y ambiente de trabajo.

Gestión del rendimiento
- Mide el desempeño de los colaboradores cuyas tareas permiten alcanzar los objetivos estratégicos de la empresa.

 **IMPORTANTE**

El talento para una empresa es una fuerza humana que, bien gestionada, impacta de forma muy positiva en la productividad del negocio y a todos los niveles de la organización. Requiere de una gestión activa y la aplicación de técnicas específicas para mantener viva la motivación de los colaboradores y su talento.

2.1. *People Analytics*

Existe un término muy actual que corresponde a una **metodología** en la que intervienen conocidas técnicas de *Big Data:* el *Data Mining.* Este sistema de trabajo, asociado a la dirección de personas, recibe el nombre de *People Analytics.*

People Analytics es una metodología que aplica la inteligencia artificial que, junto al uso de métricas, permite evaluar los equipos de trabajo y su actividad.

Dichas mecánicas combinan técnicas propias del *Big Data* y del *Machine Learning.*

En realidad, *People Analytics* es un método que, a nivel gerencial, consiste en aplicar técnicas y herramientas de análisis de datos asociadas a las nuevas tecnologías. El fin que persigue es el de **identificar, seleccionar, conocer** y **gestionar** el **talento humano** de las organizaciones con un mayor nivel de eficacia.

Dicho esto, **¿podrías imaginar cuál es el objetivo principal de esta filosofía o forma de gestionar al capital humano, valiéndose las empresas de las nuevas tecnologías?**

 **NOTA**

No hay que olvidar que contar con herramientas que permitan aumentar la rentabilidad de un negocio es una garantía de supervivencia para un complejo y cambiante contexto económico.

ACTIVIDAD COMPLEMENTARIA

1. Acude a cualquier buscador de internet y localiza información sobre el concepto de *People Analytics.* Trata de localizar aquellas características más destacadas para que puedas, con tus propias palabras, redactar una buena definición.

- -

Con idea de seguir profundizando en la definición del término *People Analytics,* a continuación conocerás todo lo que este nuevo concepto representa. Con ello se tratará de dar respuesta a la siguiente cuestión: **¿qué tipo de mediciones lleva a cabo este innovador método asociado al departamento de recursos humanos?**

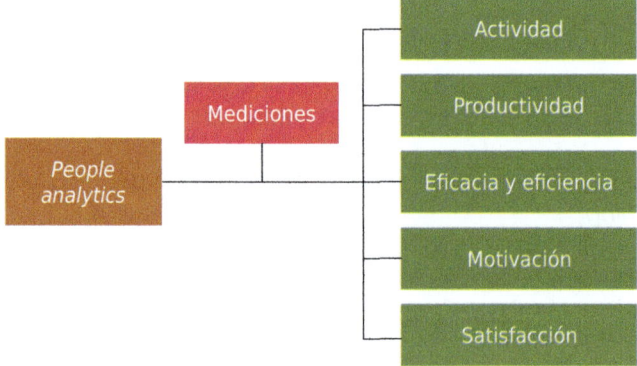

People Analytics es una técnica de recursos humanos que utiliza las nuevas tecnologías para medir la "felicidad" del empleado en el trabajo y para detectar talento dentro y fuera de él.

Innumerables estudios vienen a indicar que muchas empresas no terminan de encontrar el tipo de profesionales que ellos demandan. *People Analytics* sirve como herramienta eficaz y para conectar a las empresas con ese empleado potencial.

Medición de la actividad

Como herramienta de gestión de personas, *People Analytics* es capaz de medir en tiempo real qué labores llevan a cabo los empleados a lo largo de la jornada de trabajo.

Aunque en principio parece sencillo poder medir el desempeño, hasta ahora, sin la intervención de las nuevas tecnologías, la valoración de las tareas de un colaborador se hacía con herramientas tradicionales, con algo de intuición y con poca objetividad.

Ahora, con recursos basados en la inteligencia artificial, es posible conocer en todo momento y en tiempo real si el trabajo que está desarrollando el personal se aleja o no de su objetivo. No es necesario realizar análisis exhaustivos del cuadro de mando convencional.

¿Qué información proporciona esta eficaz herramienta?

¿Qué tareas hacen?	¿Cómo hacen la tarea?
- Detecta a aquellos colaboradores cuyas tareas desempeñadas los alejan del objetivo o meta.	- Identifica aquellos detalles relevantes como patrones actitudinales y competenciales, que hacen que un profesional rinda menos o más.

People Analytics alerta de las posibles desviaciones en los desempeños del personal que alejan a la organización de alcanzar sus objetivos estratégicos. Permite conocer cómo trabajan aquellos profesionales más eficaces para aplicar sus técnicas en la mejora del rendimiento de otros profesionales que no alcanzan resultados.

Medición de la productividad

Otro aspecto importante que hace que resulte interesante aplicar la metodología *People Analytics* en las organizaciones es el hecho de que permite mejorar la **productividad** del equipo de trabajo.

People Analytics puede ayudarte a hacer una medición sin ningún tipo de interpretación subjetiva sobre el grado de eficacia del personal que conforma tu equipo de trabajo.

◉ EJEMPLO

Imagina que estás al frente de un departamento en el que trabaja un equipo multidisciplinar. El objetivo es desarrollar un *software* encargado por un cliente, y tu labor es gestionar con eficacia al personal que conforma el equipo que lleva a cabo dicho trabajo.

No todos los componentes de tu equipo trabajan de igual forma, ni todos cumplen al mismo tiempo sus objetivos. Sin embargo, el desempeño de cada colaborador impacta directamente en el trabajo del otro y, por supuesto, en el resultado final del prototipo en desarrollo. ¿Cómo puedes usar la información que te proporciona la metodología *People Analytics?*

Esta herramienta te ofrecerá valiosa información, pues identificará a qué colaborador se le tendrá que ayudar a modificar su método de trabajo para que aprenda a alinearlo con el resto de componentes. También facilita información para tomar decisiones en cuanto al aumento o disminución de la carga de trabajo.

Medición de la eficacia y la eficiencia

Además de conseguir medir la actividad y la productividad de los colaboradores o empleados, *People Analytics* tiene la capacidad de determinar el grado de eficacia y eficiencia de cada individuo que forma parte de la organización y que contribuye con su trabajo en la consecución de objetivos estratégicos de esta.

¿Qué relevancia tiene para un negocio contar con esta medición?

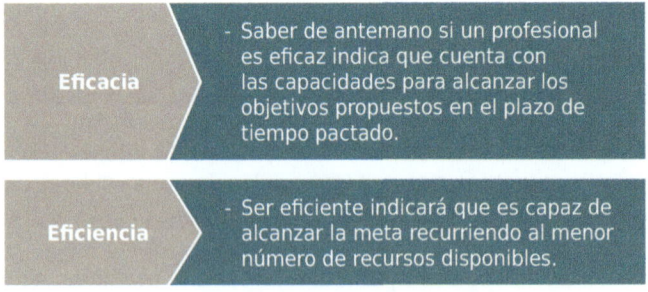

Eficacia — Saber de antemano si un profesional es eficaz indica que cuenta con las capacidades para alcanzar los objetivos propuestos en el plazo de tiempo pactado.

Eficiencia — Ser eficiente indicará que es capaz de alcanzar la meta recurriendo al menor número de recursos disponibles.

Gracias a la información que proporciona *People Analytics,* la gerencia puede determinar si un profesional dedica los recursos apropiados para desempeñar sus tareas sin desperdiciar uno de los activos de más valor: el tiempo.

 APLICACIÓN PRÁCTICA

El departamento de recursos humanos de una conocida empresa de transporte está poniendo a prueba cómo la tecnología asociada a *People Analytics* puede ser de gran utilidad. Tras llevar a cabo un esmerado análisis sobre la actividad de sus conductores, este departamento acaba de obtener los primeros resultados. ¿Podrías indicar si esta herramienta fue capaz de medir la eficiencia de estos profesionales?

Solución

Ser eficiente significa ser capaz de realizar tareas, actividades y alcanzar objetivos, recurriendo al menor número de recursos disponibles. *People Analytics* determina si los recursos (físicos, intelectivos y temporales) utilizados por los empleados para abordar sus responsabilidades son los mínimos o si se exceden.

Medición de la motivación

Para gestionar adecuadamente el talento en una organización, se ha de conocer el nivel motivacional de los integrantes del equipo humano que forman parte de la empresa.

La **motivación laboral** tiene por objeto mejorar el rendimiento de los empleados, también llamados colaboradores, hacia su máxima expresión.

La personalidad del profesional y su propio sistema de creencias son los factores más influyentes en la **motivación** personal.

¿Qué implica cada uno de estos factores y por qué es tan complejo su análisis?

Personalidad del individuo
- Abarca la conducta manifestada y las vivencias experienciales por parte del individuo que le permite, adaptarse al entorno que le rodea. Esta conducta se convierte en un distintivo que diferencia a una persona de otra, definiéndola así como un individuo único e irrepetible.

Sistema de creencias de la persona
- Abarca las siguientes definiciones:
  - La definición que el propio individuo proporciona sobre sí mismo.
  - La definición que el individuo proporciona de su entorno.
  - La definición que el individuo proporciona de su entorno.
  - La definición que el individuo proporciona sobre la vida en general.
- El sistema de creencias de una persona da respuesta a por qué hace o deja de hacer algo. Representa cómo se concibe y funciona el mundo.

DEFINICIÓN

Motivación

Es el conjunto de elementos que, a modo de energía interior, impulsan a un individuo a querer realizar algo, alcanzar un logro o cubrir una carencia manteniendo y dirigiendo la conducta necesaria a poder llegar al objetivo para finalmente satisfacer la necesidad y reducir toda la tensión creada.

- -

A nivel organizacional, la **motivación de un colaborador** dependerá principalmente de dos factores:

- **Autoconocimiento:** es la base de la motivación intrínseca. Se trata de una conversación interior con uno mismo que permite conocer por dónde empezar para realizar una actividad con confianza, seguridad y con buen grado de asertividad. Sin el autoconocimiento, es difícil advertir qué es lo que generará disfrute y pasión para alcanzar la velocidad de crucero que requiere el ejercicio de una profesión o, lo que es lo mismo, llegar a ese estado de flujo.
- **Estimulación:** por otra parte, y a nivel de motivación exterior, la estimulación es la capacidad que tenga la organización, empresa o negocio para estimular al trabajador a realizar el trabajo con ánimo, buena actitud y agrado.

Sin embargo, la **motivación de los empleados** no es nada fácil de **medir** con métodos tradicionales, pues hay que recordar que no todos los individuos se lanzan a la acción por los mismos motivos.

La falta de motivación laboral es un problema que afecta a la productividad del negocio. Para resolver esta carencia, se requiere de un estado de conciencia por parte del trabajador que permita determinar qué área ha de trabajar y a qué nivel.

Pirámide de los nivéles neurológicos

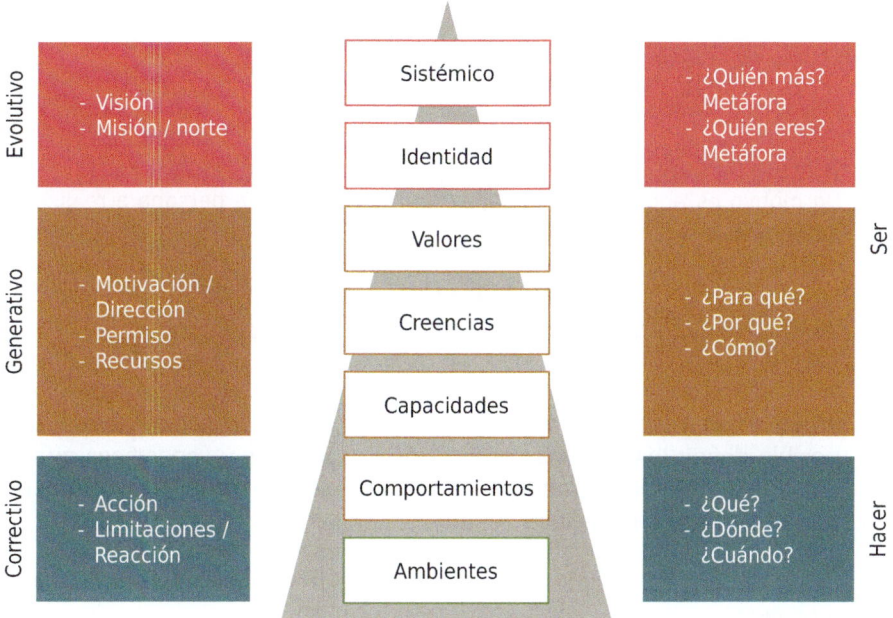

IMPORTANTE

Para evitar estados de desmotivación entre los empleados que desemboquen en fugas de talentos y mermas de rentabilidad para el negocio, la estimulación de los trabajadores que integran la organización es un potente instrumento que mejora el desempeño proporcionando innumerables beneficios a la empresa.

Para que puedas comprender lo complejo que resulta motivar a un grupo de personas con "motivos" diferentes para actuar, y lo imprescindible que resultan las tecnologías para abordar esta gran complejidad, presta atención a la siguiente clasificación donde se agrupan diferentes tipos de motivos:

- Racionales
- Emocionales
- Egocéntricos
- Altruistas
- Atrayentes
- De rechazo

NOTA

Un motivo es aquello que es capaz de movilizar a una persona a realizar de manera inspirada una acción.

MOTIVO + ACCIÓN = MOTIVACIÓN

Aunque son muchas y variadas las teorías motivacionales, es cierto que es posible definir los motivos como razones concretas y específicas que impulsan con diferente grado de intensidad a las personas para cambiar su conducta, iniciarla o incluso frenarla.

Estas razones dan sentido y respuesta a por qué el individuo se siente motivado.

Todas las complejas variables en torno a la motivación de los empleados no son más que simples datos de entrada para la tecnología. Estos datos son sometidos a los algoritmos de la "felicidad", una forma de proceder a nivel organizacional donde recursos humanos adopta la cultura *Data Driven* y la inteligencia artificial para optimizar la productividad de cada empleado.

El área de recursos humanos aplica técnicas asociadas a las ciencias de datos para profundizar en el conocimiento de su cliente interno (empleados y colaboradores), de cara a aumentar la productividad y el nivel de satisfacción personal y profesional.

Medición de la satisfacción

Toda organización que aplique técnicas de *People Analytics* podrá conocer en todo momento el **grado de satisfacción** de sus trabajadores en el desarrollo de sus tareas y responsabilidades. Pero también este recurso proveerá información relevante sobre cuáles son los motivos que hacen que el nivel de satisfacción vaya en aumento o en disminución.

La satisfacción de un empleado, o satisfacción laboral, es el nivel de conformidad respecto a las condiciones en las que desarrolla su trabajo y el entorno que le rodea.

 PARA SABER MÁS

¿Quieres conocer la forma en la que las empresas pueden monitorizar el bienestar de los empleados con inteligencia artificial? Accede al siguiente artículo de *Expansión* y tendrás todos los detalles de este algoritmo de la felicidad:

https://redirectoronline.com/ifct163po0401

 APLICACIÓN PRÁCTICA

Mario es un comercial que trabaja para una empresa de seguros. Por su larga experiencia y sus buenos resultados en el campo de las ventas, ha decidido hacer una propuesta a su jefe. Quiere compartir con sus compañeros y compañeras fórmulas que él utiliza para llevar a cabo sus entrevistas de venta y que le sirven para aumentar sus cierres, con el fin de contribuir a que el equipo al que él pertenece alcance los objetivos de venta.

Continúa en página siguiente >>

<< Viene de página anterior

Según todo lo comentado, ¿qué tipo de información proporcionaría a la empresa el recurso *People Analytics* sobre este eficaz empleado?

Solución

People Analytics contempla maneras distintas de analizar la productividad de los empleados. Con otros recursos de uso cotidiano para la gestión de equipos, como son los cuadros de mando, es muy complicado tener una visión integral de los empleados que vaya más allá de la medición de la actividad.

2.2. Funcionamiento de *People Analytics*

Podría decirse que *People Analytics* es, en sí misma, una ciencia de datos y una ciencia de talentos.

La RAE describe "ciencia" como:

"Conjunto de conocimientos obtenidos mediante la observación y el razonamiento, sistemáticamente estructurados y de los que se deducen principios y leyes generales con capacidad predictiva y comprobables experimentalmente".

A tenor de esta definición, *People Analytics* se compone de un grupo de herramientas analíticas basadas en la ciencia de datos a través de las cuales una compañía obtiene increíbles beneficios por su implementación, con implicaciones directas más allá del aumento de la rentabilidad.

¿Qué gana realmente la empresa?

¿Qué compañía no estaría dispuesta a asumir el esfuerzo de un cambio si esto implicara un aumento de beneficios, un rápido retorno de la inversión y una disminución del riesgo con baja rotación?

En realidad, y aunque parece que cobra protagonismo la tecnología analítica en esta metodología, *People Analytics* consiste en una exitosa fórmula que mejora las relaciones humanas y el compromiso del cliente interno para con su empresa.

¿Has oído hablar del salario emocional?

Conocida la notoria relación entre la productividad del empleado y su bienestar, el salario emocional es un factor clave para aumentar el buen desempeño del personal, mejorando el compromiso de los profesionales que integran la organización.

 **DEFINICIÓN**

Salario emocional
Va más allá de la retribución económica que percibe el empleado; se trata de cuestiones no económicas que satisfacen enormemente al trabajador. Mejora

Continúa en página siguiente >>

[21]

<< Viene de página anterior

el grado de compromiso, la implicación en el desempeño y aumenta de forma considerable la motivación.

- -

Sin embargo, la complejidad emocional y los embrollos organizativos hacen muy difícil la labor de detectar, a nivel gerencial y con las capacidades humanas, cuál es el mejor salario emocional que proporcionará el mayor grado de satisfacción y felicidad a cada empleado.

¿Cómo es posible que *People Analytics* pueda hacer todo este trabajo de medición?

A continuación obtendrás información que te ayudará a comprender cómo funciona un sistema inteligente capaz de recopilar datos de diversas fuentes para proporcionar las mediciones necesarias:

Flujos de navegaciones
- Se analiza qué sitios web se visitan, el tiempo de permanencia e incluso los motivos por los que se conectan a esas páginas los empleados.

Mensajería
- Se analiza el flujo conversacional de los correos electrónicos u otras aplicaciones de mensajería.
- El análisis abarca tanto el origen de la recepción de los mensajes como su contenido.

Uso de aplicaciones
- Se analiza qué *softwares* de escritorio se utilizan, el tiempo de uso e incluso las veces que se interactúa con estos programas.

El gran volumen de datos que se van recopilando gracias a la funcionalidad de *People Analytics* se dirige a un sistema inteligente a disposición de la organización. Este es capaz de realizar la analítica correspondiente, y proporcionar unos resultados óptimos con idea de resolver problemas, obtener patrones para la realización de predicciones y extraer rápidamente interesantes conclusiones.

¿Te recuerda todo esto a las técnicas de la tecnología *Big Data*?

Las variables que maneja el sistema inteligente de *People Analytics* son:

- **Perfil sociodemográfico:** esquematiza las características que definen a nivel social y demográfico a un grupo de empleados. Esta información sirve para identificar factores de influencia motivacionales.
- **Radiografía del puesto:** para poder hacer una medición de la cualificación para un puesto, se ha de perfilar el conjunto de tareas y responsabilidades asignadas a un puesto determinado. Es un elemento necesario para búsqueda de talentos, contratación, desarrollo y evaluación.
- **Pertenencia, compromiso laboral, compatibilidad:** resume las características o variables que definirían un perfil comprometido con la cultura de la empresa, a la misma vez que aquellas otras variables que no serían compatibles con la filosofía de la empresa.
- **Riesgo de fuga de talento:** son numerosas variables que determinan el nivel de riesgo de abandono de un puesto. Pueden ser de muchos tipos: estrés, motivacional, estabilidad, etc.
- **Habilidades y competencias:** corresponden a los atributos personales y profesionales relacionados con las capacidades individuales para alcanzar unos resultados atribuibles a un puesto. Aquí sería de aplicación las distintas teorías motivacionales.
- **Cultura organizacional:** sirve como base de investigación para definir un sistema de recompensas en la organización, de manera que los empleados encajen y se sientan parte de ella. Crear una cultura organizacional que defina a la empresa requerirá de un sistema de recompensas que ha de construirse según aspectos afectivos, económicos o de cualquier otro tipo. Aquí encajaría el salario emocional que ya conoces.

Después de ahondar en la gestión de personas con la metodología *People Analytics,* es importante resaltar que, gracias a la ciencia de los datos, es posible predecir y prescribir si un equipo de trabajo está condenado al éxito o al fracaso.

People Analytics sirve para tomar decisiones certeras a la hora de **contratar, promocionar, compensar** o incluso para hacer una valoración económica de cuánto supondría la pérdida de un excelente profesional.

NOTA

Esta metodología es tan eficaz que permitiría vaticinar cuánto personal sería necesario contratar para llevar a cabo un proyecto determinado.

People Analytics es una potente herramienta que aporta información útil para la selección de talento en un mercado laboral diverso y cambiante.

People Analytics es una potente herramienta que aporta información útil para promocionar al personal y evitar la fuga de talento.

¿Imaginas cómo el método *People Analytics* puede conseguir este importante reto?

Ya has visto que el sistema informático es una excelente fuente de datos interna. Sin embargo, los grandes volúmenes de datos que la tecnología de *Big Data* procesa otorgan gran poder a esta magnífica herramienta:

- **Identificando patrones:** puede identificar patrones estadísticos de profesionales no lo suficientemente valorados por el mercado laboral.
- **Identificando candidatos:** es capaz de detectar y encontrar aquellos candidatos con mayor cualificación para el desempeño de un puesto concreto.
- **Reduciendo al máximo la incertidumbre:** es capaz de ofrecer señales que alertan sobre crisis de talentos permitiendo dar rápidas respuestas eficaces para atender sus necesidades y evitar fugas.
  También es capaz de vislumbrar nuevas oportunidades para el propio negocio.

Es verdaderamente relevante para una organización empresarial conocer que ya es posible conectar las vivencias experienciales de los trabajadores con los propios indicadores de la empresa a nivel de negocio:

- Los indicadores del negocio aportan información relativa a:

  - La rentabilidad del negocio.
  - El crecimiento de la empresa.
  - El riesgo que asume una compañía con su actividad.

➲ Los indicadores de la experiencia del trabajador permiten medir la experiencia del trabajador a través de sus vivencias en situaciones concretas:

- ↻ Satisfacción
- ↻ Compromiso
- ↻ Aportación
- ↻ Etcétera

 PARA SABER MÁS

Si quieres conocer algunos indicadores clave que sirven para medir la experiencia del empleado, accede al siguiente enlace:

https://redirectoronline.com/ifct163po0402

 TAREA 1

Sonia ha sido fichada por una empresa que quiere someterse a un proceso de transformación digital profundo. Como consultora, ha detectado que esta empresa tiene una elevadísima rotación. Quiere hacer una propuesta para implementar en el Departamento de Recursos Humanos todo lo que la metodología *People Analytics* entraña. Para ello, y después de un arduo análisis, decide redactar un informe en el que explicará las ventajas y beneficios que servirán de motor de cambio.

Sobre estos datos, redacta un pequeño párrafo con el que Sonia pueda dar a conocer *People Analytics* como recurso empresarial basado en inteligencia artificial para la gestión de personal, descubriendo qué distingue esta filosofía de otras fórmulas convencionales.

2.3. Proceso de construcción de un modelo de *People Analytics*

¿Qué tipo de algoritmo está diseñado para ofrecer soluciones en función de todos esos indicadores?

Aunque son numerosas las soluciones comerciales existentes en el mercado de *People Analytics,* la solución estandarizada pasa por un procedimiento básico de construcción y diseño que se inicia con el tratamiento de los datos, todos ellos relacionados con el departamento de recursos humanos:

1. **Selección de datos:** no todos los datos que domina el departamento aportan valor a la solución. Esto significa que habrá que hacer una selección de aquellos datos que realmente son apreciables para el análisis. Serán en los datos correspondientes a la gestión del talento y la gestión del departamento donde se prestará más atención.
2. **Preprocesado de datos:** una vez realizado el primer cribado, los datos deberán someterse a un proceso para limpiar aquellas impurezas que solo harán discrepar al sistema y generar inconsistencias. Es un buen momento para que esta criba aporte más calidad a la gestión.
3. **Entrenamiento modelo:** es el momento en el que se ejecutarán las técnicas para la detección de patrones representadas por la relación entre las distintas variables. La tarea algorítmica llevará a cabo su análisis:

   a. Tareas de regresión.
   b. Árboles de decisión.
   c. *K- nearest neighbors.*
   d. Etc.

4. **Interpretación de los resultados y evaluación:** el modelo proporcionará un resultado cuyos patrones deberán someterse a una transformación de los datos en información, con idea de que esta sirva para tomas de decisiones acertadas previas a la evaluación.
5. **Conocimiento:** finalmente, las técnicas de *Data Mining* han conseguido extraer de los datos conocimiento significativo que resultará de valor para que las tomas de decisiones para la gestión del recurso humano sean eficaces y aplicadas a todos los ámbitos organizativos.

Aunque durante la fase del entrenamiento del modelo se han nombrado algunos algoritmos, en términos generales *People Analytics* puede aplicar distintos **grupos de algoritmos** con varios objetivos. Por ejemplo, poder enumerar en un listado colaboradores con similares *features* (características) que proporcionen una definición ajustada para poder llevar a cabo acciones concretas o comunes:

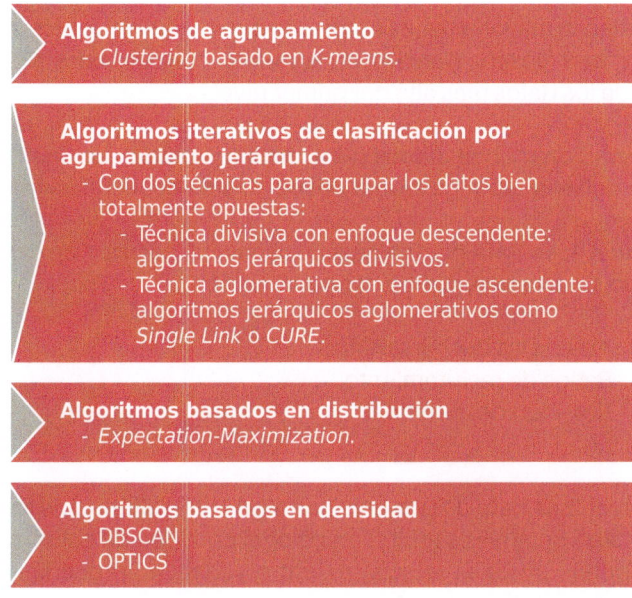

Algoritmos de agrupamiento
- *Clustering* basado en *K-means*.

Algoritmos iterativos de clasificación por agrupamiento jerárquico
- Con dos técnicas para agrupar los datos bien totalmente opuestas:
  - Técnica divisiva con enfoque descendente: algoritmos jerárquicos divisivos.
  - Técnica aglomerativa con enfoque ascendente: algoritmos jerárquicos aglomerativos como *Single Link* o *CURE*.

Algoritmos basados en distribución
- *Expectation-Maximization*.

Algoritmos basados en densidad
- DBSCAN
- OPTICS

Las técnicas de agrupación jerárquica sirven para encontrar la jerarquía entre las distintas agrupaciones. La estructura es muy parecida a la del árbol, pero en esta ocasión recibe el nombre de dendograma.

La empresa del siglo XXI que adopta una filosofía de mejora continua utiliza las técnicas de *People Analytics* para realizar evaluaciones anuales de todos los integrantes de la organización. Esta labor es independiente a si los perfiles son administrativos, técnicos o comerciales.

La idea es aprovechar la gran ingesta de datos recopilados en las evaluaciones del personal con carácter anual, teniendo el afán de aplicar la metodología de *People Analytics* y conseguir que esta acción quede integrada como parte de la gestión y el desarrollo del capital humano que forma parte de la compañía.

¿Qué tipo de información se puede obtener aplicando esta metodología a tenor de estas evaluaciones periódicas?

Los resultados son tanto **cuantitativos** como **cualitativos:**

- **Información cuantitativa:** por ejemplo, porcentaje de consecución de objetivos.
- **Información cualitativa:** por ejemplo, el compromiso de un equipo de trabajo con respecto a un objetivo determinado.

La inmensa mayoría de las empresas que quieren adoptar un cambio cultural con una filosofía *Data Driven* tienen dificultades para ahondar en la analítica de los datos más allá del primer nivel.

Observa con mucha atención los distintos niveles de análisis que una empresa debería saber gestionar desde su área de recursos humanos:

- **Nivel 1:** se trata de una analítica sencilla, básica y de carácter comparativo. En ella se registran aspectos como:

  - Ausencias del personal.
  - Ratios de reclutamiento.
  - Rotación del personal.
  - Etc.

- **Nivel 2:** se trata de una analítica algo más profunda de los datos. Se lleva a cabo un análisis multidimensional con idea de estudiar y comprender algunas posibles relaciones entre variables (procedimientos, actividades, resultados, etc.). A modo de ejemplo sería:

  - Asociación de habilidades directivas con la puntuación obtenida en el nivel de compromiso del profesional a fin de definir la eficacia del ejercicio del liderazgo.

- **Nivel 3:** se trata de una analítica compleja y con fines predictivos. Se lleva a cabo con la intención de realizar predicciones conductuales del personal. Es de gran utilidad como fuente de conocimiento para la dirección de personas, ya que proporciona información que permite una adecuada planificación de estrategias que den eficaces respuestas.
  Este nivel asocia datos tanto del ámbito de los recursos humanos como de otros terrenos propios de cualquier empresa en general. Es una analítica que conecta el área humana con el área estratégica de la empresa. A modo de ejemplo sería:

  - Asociar los datos relacionados con las ventas de cada comercial para crear un escenario futuro de políticas adecuadas de remuneración, permitiendo establecer justas diferencias en función de los resultados de cada empleado.

Continuando con todo lo anterior, *People Analytics* debe cumplir con **tres objetivos** fundamentales:

- **Vincular *Data* RR. HH. - organización:** establecer una conexión entre los datos bajo el dominio del departamento de recursos humanos con las estrategias de la organización. El objetivo es que, a nivel gerencial y en el ejercicio del liderazgo, se disponga de información para tomar decisiones eficientes y eficaces.

- **Ayudar a RR. HH. en el diseño de estrategias:** proporcionar información que permita a los responsables del departamento de recursos humanos construir estrategias y llevar a cabo acciones con mayor grado de eficiencia y eficacia.

- **Ayudar a los equipos directivos a calcular la eficacia de las acciones:** proporcionará información a las gerencias para hacer mediciones de los resultados obtenidos en la consecución de los objetivos y la eficacia de las estrategias diseñadas para la gestión del talento.

Una potente herramienta de *People Analytics* debe ser capaz de realizar tanto una analítica descriptiva como una predictiva, a fin de proporcionar respuestas a interesantes preguntas como estas:

Descriptivo
- ¿Cuántos gerentes de desarrollo de negocio fueron formados el mes anterior?
- ¿Cuál fue el coste del total de la formación?
- ¿Cuál fue el coste de la formación especializada en liderazgo y dirección de equipo?
- ¿Cuántos trabajadores no forman parte del plan de desarrollo?

Predictivo
- ¿El plan formativo mejorará el perfil competencial de los gerentes de desarrollo de negocio?
- ¿Qué formación específica tiene un impacto mayor para los gerentes de desarrollo de negocio?
- ¿Qué habilidades y competencias se necesitarán desarrollar para la nueva estrategia?
- ¿Qué aspecto formativo sirve para mejorar la retención de los trabajadores?

Siguiendo con las preguntas del ejemplo, *People Analytics* también proporcionará las claves de cómo impactará la formación en la rentabilidad. En definitiva, lo verdaderamente relevante es conocer que existen muchas cuestiones significativas para los negocios que se pueden medir. Por ejemplo:

¿Cómo calcular la ratio de "cultura organizacional"?

De las evaluaciones del personal se pueden extraer datos para medir el nivel de compromiso de los empleados para con la organización. Esta ratio indicaría si existe o no buena predisposición del empleado a trabajar con la misma filosofía de la empresa. A nivel predictivo, esta ratio interviene para predecir retenciones y fugas.

Advertidos ya los beneficios y el esfuerzo que supone que un negocio implemente técnicas de *People Analytics* dentro del departamento que gestiona el capital humano, el trasvase de *Data Centre* al *Data Driven* se llevará a cabo por medio de una serie de sencillos pasos desde la perspectiva del científico de datos.

 CONSEJO

No olvides que implementar el método de *People Analytics* va más allá de adquirir un *software* como solución comercial, ya que implica un cambio cultural y la participación de profesionales expertos que guíen la forma de abordar los datos en disposición de la organización.

A continuación conocerás qué pasos deberás dar para acondicionar los datos de tu negocio e ir acomodándolos para esta nueva aventura:

1. **Tareas de planificación:** el primer paso que se ha de dar consiste en identificar los objetivos que la empresa persigue al analizar de una forma inteligente una gran ingesta de datos.
2. **Definición de éxito:** el segundo paso consistirá en definir los indicadores que ayudarán a determinar si el procedimiento al completo, y una vez finalizado y entregado el informe final, puede entenderse que ha sido todo un éxito con un impacto en la organización ajustado al deseado.
   Para ello, y llegado el momento, se solicitará a los usuarios del reporte *feedback* o retroalimentación.
3. **Labores de auditoría:** consiste en hacer una evaluación de los datos disponibles a nivel cuantitativo y cualitativo. Es el momento de afirmar o no si el data actual es de suficiente calidad.
   De encontrar algún aspecto que determine la presencia de algún salto o deficiencia en los datos, habrá que solucionar esta cuestión antes de seguir avanzando.
4. **Diseño de la estructura y proceso:** en este cuarto paso se establecerán algunos criterios importantes:

   ◊ Definir los roles para cada individuo que conforme el equipo.
   ◊ Definir los objetivos de cada rol.

◑ Definir requerimientos necesarios.
◑ Definir quién es quién acorde al objetivo del proyecto (clientes, usuarios, empleados, grupos de interés, proveedores, mercado, etc.) y el grado de relación e influencia.

5. **Diseño de estrategias para la construcción del *Data*:** llega la hora de diseñar la fórmula para totalizar de forma planificada todas las *Datas*. En ella se debe tener en cuenta cómo se realizará el proceso de recolección de datos y también la forma en la que serán procesados.
Recuerda que:

◑ Los datos provienen de distintas fuentes y en distintos formatos (electrónicos y no electrónicos).
◑ Los datos pueden recolectarse combinando diversas fórmulas: registros, listados físicos o informáticos, encuestas, evaluaciones, etc., e incluso se puede aprovechar y crear nuevos sistemas de recolección para los nuevos datos.

6. **Construcción del *Data*:** consiste en la reunificación de las distintas fuentes de datos aplicando las estrategias definidas en el paso anterior.
7. **Análisis de datos:** vendrá determinado por los objetivos que persiga la empresa definidos en el primer paso. Es el momento de seleccionar el modelo.
8. **Informes de análisis:** puede representarse en forma de informe o expediente, tratando que los resultados de la analítica sean todo lo visual posible para su mejor comprensión. En este informe, a modo de reporte, quedarán destacados todos los aspectos tratados. Se ha de incluir un apartado que servirá de instrucción para cada tipo de usuario, además de recomendaciones.
9. **Evaluación:** es el momento de evaluar el proceso en todas sus etapas para finalmente evaluar la influencia en las diferentes áreas en las que ha sido aplicado.

 VÍDEO

A continuación, tienes un vídeo que resume las cualidades de la tecnología *People Analytics* al servicio del departamento de recursos humanos.

En marzo de 2018, tuvo lugar un encuentro denominado ***Big Data to Action Forum 2018,*** donde expertos en recursos humanos expusieron en una mesa

Continúa en página siguiente >>

<< Viene de página anterior

redonda las bondades de la tecnología usada en la metodología *People Analytics*. En el debate se habló de las peculiaridades de la analítica de datos y los beneficios para la gestión de talento.

https://redirectoronline.com/ifct163po0403

 TAREA 2

Horacio es gerente de una conocida empresa de industrias cárnicas que cuenta con una extensa red de empleados. Distribuyen sus productos por todas las capitales de provincia a través de una importante estructura de red comercial. Con el paso del tiempo y el duro trabajo, ha conseguido posicionar muy bien a la marca. Sin embargo, mantener este posicionamiento en el mercado no está resultando nada fácil y muchos de sus mejores comerciales están claudicando por ofertas laborales que económicamente son más interesantes.

Según la información proporcionada, y con los conocimientos adquiridos sobre las técnicas de *People Analytics,* indica qué beneficios proporcionará al negocio de Horacio implementar en la organización esta metodología en la gestión del personal, destacando aspectos clave de este recurso para la retención del talento.

---

3. Predicción: *stocks,* demandas, comportamientos

☞ **HILO CONDUCTOR**

Aunque no son clientes, sino pacientes, los usuarios se aprovecharán de los servicios de la innovadora clínica de Stephanie, pero esta deberá contemplar qué mecánicas utilizar para que la clínica sea competitiva. Para ello, y entre muchas otras acciones, tendrá que contar con un plan para que las farmacéuticas le provean con regularidad todo aquello que su pequeño hospital necesita para que la actividad diaria no se vea comprometida. ¿Qué papel juagará en todo esto el aprendizaje por refuerzo?

La inteligencia artificial, junto con las técnicas de *Big Data,* son la combinación perfecta para optimizar la compleja gestión del **Retail.**

El comercio al por menor se identifica principalmente por varias características, destacando entre ellas la atención al consumidor final:

Compromiso y trato personalizado
- La razón de la existencia de diferentes tipos de negocios es la atención al consumidor final. De ahí la importancia del trato personalizado y el grado del compromiso que el comercio asume para con él.
- Uno de los aspectos que más confianza genera entre los consumidores es poder contar con un servicio de posventa con una respuesta eficaz.

Altísima dependencia logística
- El comercio minorista depende directamente de la logística, tanto es así que muchos de ellos han optado por tener su propio sistema logístico para garantizar *stocks,* la distribución de mercancías y el servicio al consumidor.

Demanda repetitiva
- También se caracteriza por la frecuencia de las ventas y el pequeño volumen de estas.

DEFINICIÓN

Retail

Comercio al detalle, o comercio minorista a gran escala. Se trata de la venta de productos al usuario final. A este sector pertenecen comercios como supermercados, librerías, zapaterías, menaje del hogar, etc., cualquier establecimiento cuya actividad sea común y tenga trato directo con el consumidor.

En las características del *Retail* que definen la personalidad del negocio, se pueden observar aquellos aspectos que distinguen unos comercios de otros.

EJEMPLO

¿Qué hace que un cliente decida comprar en un supermercado y no en otro cuando el producto que quiere adquirir es de la misma marca y tiene el mismo precio?

Quizá la cercanía, pero también pueden darse otros aspectos que el negocio haya trabajado y con los que supo ganar la fidelidad del consumidor.

3.1. Retos del sector *Retail*

Es evidente que, en esta era digital, existe un aumento de comercio *online*. Esta situación de expansión de los *e-Commerce* ha implicado para los negocios *Retail* tradicionales un viraje importante, viéndose obligados a cambiar sus estrategias de venta.

Sin embargo, y aunque la convivencia entre los comercios físicos y los virtuales está siendo mejor de lo esperado, es cierto que ambos tienen un hándicap que superar cada día, y es que el centro neurálgico de estos negocios se encuentra en su **logística.**

¿A qué retos se enfrenta los *Retails* cada día?

Operaciones fluidas	Previsión de la demanda
- Han de ser capaces de garantizar con fluidez las operaciones diarias por la venta de muchísimos productos. Esta es la única manera de alcanzar márgenes de ganancia.	- Deben ser capaces de prever la demanda de productos con anticipación suficiente y con los menores *stocks* posibles para garantizar su actividad diaria.

Llevar a cabo una **previsión de la demanda con eficacia** significa que esta debe ser lo suficientemente precisa para saber qué mercancías se requerirán y en qué lugar han de estar para garantizar la provisión de productos a los clientes finales, manteniendo el difícil equilibrio de contar con un *stock* mínimo, lo que genera cierto grado de riesgo.

A continuación, describimos cómo es la dura labor de los *Retalis* para garantizar la actividad empresarial:

⊃ **Centro de distribución:** multitud de productos están concentrados en los centros de distribución a la espera de ser trasladados al pequeño almacén del negocio.
⊃ **Almacén:** en el almacén debe existir un *stock* mínimo para no asumir el riesgo de no poder vender aquello que el cliente demanda.
⊃ **Tienda:** la tienda es el escaparate y el sitio donde el cliente acude con la intención de adquirir el producto que necesita. Suele ser un producto de consumo masivo, pero la forma de adquirirlo es a medida que se consume o necesita.

Una predicción fiable es relativamente factible cuando las condiciones son estáticas, sin embargo, el mercado actual se caracteriza por ser cada vez más dinámico.

¿Cuáles son los factores más comunes que afectan a la demanda de productos?

Responder a esta cuestión es realmente importante, ya que con ella se enumeran infinitas variables que representan problemas para quien quiera planificar con eficacia la demanda.

- **Variación recurrente:** el que un negocio fundamente su actividad en la venta de productos masivos no significa que exista regularidad en la demanda cada día de la semana, en determinadas fechas del año o en cada estación. Hay productos que se consumen mucho más en ciertos días de la semana que otros.
  Por ejemplo, uno de los productos estrella de la multinacional McDonald's es el menú infantil *Happy Meal.* Se caracteriza por contener dentro de una cajita un pequeño regalo, de manera que el niño o la niña disfrutará de su comida mientras juega con el contenido del paquete. La demanda de este producto aumenta los fines de semana, por lo que el establecimiento deberá hacer una previsión de existencias teniendo en cuenta este dato.
- **Estrategias de negocio:** una campaña de *marketing* que busca llamar la atención del consumidor puede alterar la demanda de un producto. ¿Qué pasaría si tras el esfuerzo de modificar precios, hacer promociones, cambiar escaparates, etc., no hubiera suficientes existencias para dar servicio a toda esa promoción?
- **Variables externas:** otras importantes variables externas pueden afectar al volumen de demanda en un comercio. Imagina por un momento que la panadería de al lado cierra sus puertas al público sin avisar. El flujo de clientes de este comercio buscará indudablemente otra alternativa. También puede afectar igualmente la inauguración de otro comercio en una misma área de influencia, o incluso cualquier aspecto relacionado con el clima.

Existen infinidad de datos útiles que afectan potencialmente a la previsión de la demanda, pero que difícilmente pueden ser gestionados al unísono por el intelecto humano con total eficacia. En este aspecto, *Machine Learning* hace una gran labor, ya que facilita a los negocios una información relevante.

¿Imaginas qué tipo de información puede proporcionar el aprendizaje automático en este contexto?

Impacto de las variables
- *Machine Learning* informa y alerta sobre el impacto de las distintas variables al presentarse estas en el escenario comercial.

Niveles de afectación
- *Machine Learning* informa y alerta de las influencias de estas variables en distintos niveles (cadena de distribución para distintas tiendas, etc.).

NOTA

Los grandes beneficios que proporciona la implementación de tecnologías inteligentes en el campo del comercio minorista están haciendo que el proceso de transformación de pequeños y medianos negocios se aborde con una perspectiva más ilusionante.

3.2. Cambio de estrategias de negocio con aprendizaje automático

Cada día son más los comercios de consumo masivo que transforman sus estrategias de negocio, combinando la tecnología basada en la inteligencia artificial con técnicas de *Data Mining* con idea de mejorar la planificación en la previsión de la demanda.

¿Qué razones concretas serán válidas para dirigir este cambio de estrategia?

A continuación, vas a disponer de un listado de operativas llevadas a cabo por esta tecnología que hará que se disipe cualquier posible duda:

- **Recomendaciones de previsión:** un sistema inteligente automatizado con capacidad de aprender por sí mismo proporcionará recomendaciones para prever demandas sin requerir programaciones.
- **Procesado de volúmenes de datos:** un sistema inteligente automatizado con capacidad para almacenar datos y procesarlos evidenciará el valor de los datos generados por el negocio.
- **Identificación de patrones ocultos:** un sistema inteligente automatizado con capacidad para aprender por sí mismo proporcionará patrones de demandas ocultos entre los datos, evidenciando de nuevo la necesidad de contar cada vez con mayor cantidad de datos, antes en apariencia innecesarios.
- **Conjugación de variables para prever contextos futuros:** un sistema inteligente automatizado pronostica una planificación acertada en función de las relaciones entre variables de forma multifactorial que pudieran impactar en la demanda de cada jornada.

IMPORTANTE

El aprendizaje automático proporciona al sistema de gestión del negocio una inteligencia superior que permite conjugar múltiples variables dentro de un mismo factor, circunstancia que a la mente humana le costaría mucho tiempo conjugar.

Por ejemplo, el mal tiempo es un factor externo; *Machine Learning* valorará el impacto del mal tiempo en la actividad del negocio conjugando las diferentes variables que intervienen en cada situación meteorológica (nieve, viento, lluvia, etc.).

Al dotar al sistema de una tecnología basada en la inteligencia artificial con el aprendizaje automático, no solo se consigue que la planificación del negocio se mejore al instante, sino que el sistema seguirá aprendiendo de forma iterativa para seguir mejorando sus previsiones y recomendaciones.

La principal ventaja de que un comercio al por menor a gran escala implemente un sistema inteligente es que podrá hacer un procesamiento de grandes volúmenes de datos provenientes de fuentes con orígenes diferentes, sin necesidad de que en ello participe el ser humano. Todo ello convierte al negocio en un *Smart Retail*.

Los algoritmos de *Machine Learning* son realmente útiles para los *retailers*.

A continuación, tienes resumidos los servicios que estos algoritmos proporcionan en el área del *Retail*:

Patrones en la demanda
- Ayudan a captar y comprender la influencia de patrones de comportamiento de consumidores que van repitiéndose a lo largo del tiempo, como puede ser la estacionalidad.

Decisiones gerenciales
- Facilitan a los que están al frente de la planificación de la actividad del comercio la difícil labor de tomar decisiones asociadas a la previsión y atendiendo a las variables internas del negocio. Por ejemplo, una campaña de *marketing* con todo lo que ello engloba (variación de precios, cambios de expositores, etc.).

Continúa en página siguiente >>

<< *Viene de página anterior*

Factores externos
- Igualmente ayudan a realizar una planificación más efectiva a nivel gerencial, atendiendo a variables externas (eventos cercanos, campañas publicitarias de la competencia, días festivos, el tiempo, etc.).

Horizonte de previsión
- Ayudan con recomendaciones a planificar el corto, medio y largo plazo de la actividad, atendiendo a las características de cada área del negocio (almacenes, tiendas, centro de distribución...).

El dotar a los negocios de capacidad de reacción anticipándose a los cambios que puedan suceder en la demanda de los productos es el pretexto ideal para permitir que los algoritmos se incorporen a un sistema de trabajo dentro de estas organizaciones. Sin embargo, también determinados algoritmos con operativas más simples son capaces de predecir tendencias. **¡Cuidado con esto!**

¡Ahora presta mucha atención porque vas a conocer qué hace el algoritmo de serie temporal de *Microsoft!*

Un **modelo de serie temporal** puede predecir tendencias con tan solo haber entrenado con un conjunto de datos de entrada. Esto significa que no requiere de nuevas entradas de datos como nueva información para hacer su labor de predicción.

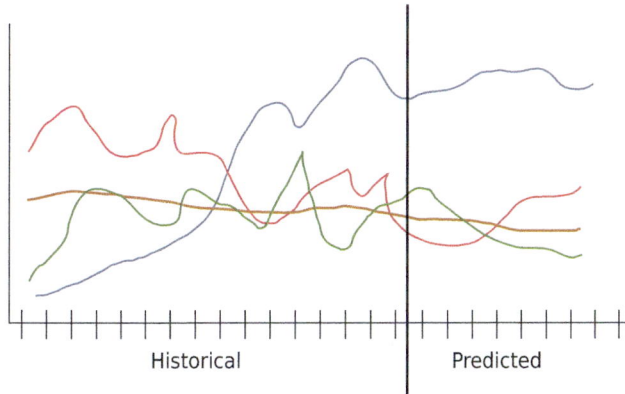

Historical   Predicted

Las series temporales no son más que el resultado que proporciona el cruce de los datos de origen y los datos de predicción. Fuente: Microsoft.

NOTA

No olvides que reabastecer las tiendas requiere de una buena organización en la que interviene la cadena de distribución y toda su operativa.

Sin embargo, utilizar el algoritmo no adecuado puede repercutir negativamente en el negocio. **A continuación comprenderás las limitaciones que tiene el algoritmo de serie temporal.**

Desde el punto de vista práctico, un algoritmo de serie temporal es óptimo para pronosticar patrones que se repiten a lo largo del tiempo, como pudiera ser el caso de aquellas previsiones relacionadas con la demanda durante los días de la semana o para las distintas estaciones del año.

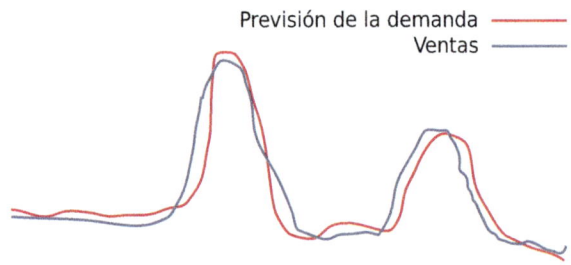

Previsión de la demanda ——————
Ventas ——————

Lunes Martes Miércoles Jueves Viernes Sábado Domingo

Tipo de respuesta que ofrecen los algoritmos de cara a la predicción para el reabastecimiento de mercancía.

No obstante, para cambios eventuales o situaciones en las que intervienen varios factores, habría que manipular la solución del pronóstico de forma manual, puesto que se tendría que informar al sistema de acontecimientos que van a ocurrir y que, sin duda, impactarán en el resultado. Ejemplo de ello puede ser una simple subida de precios.

¿Verdad que intervenir manualmente no sería práctico?

Por este motivo, el aprendizaje automático en su estado más elaborado posibilita la interactuación multifactorial, y además lo hace sin necesidad de que intervenga absolutamente nadie.

 **RECUERDA**

La principal ventaja de que un comercio al por menor a gran escala implemente un sistema inteligente es que podrá hacer un procesamiento de grandes volúmenes de datos provenientes de fuentes con orígenes diferentes para tener información de valor, sin necesidad de que en ello participe el ser humano.

Aunque a lo largo de este recorrido se ha tratado de enfatizar en cómo se ha de innovar en el sector *Retail,* a continuación, y con el vídeo propuesto, vas a conocer de la mano de expertos cómo se ha de incorporar el aprendizaje automático para que los comercios puedan innovar gracias a la inteligencia artificial.

 VÍDEO

En este vídeo se explica con total claridad cómo la industria *Retail* ha de evolucionar con cierta agilidad incorporando modelos predictivos y robotización.

https://redirectoronline.com/ifct163po0404

 PARA SABER MÁS

Si quieres profundizar más en el contenido del vídeo anterior, puedes acceder desde aquí al interesante artículo que publica el diario *Expansión* y en el que se trata la innovación desde el punto de vista de los supermercados:

Continúa en página siguiente >>

<< Viene de página anterior

https://redirectoronline.com/ifct163po0405

4. Segmentación: análisis de oferta. Identificar tendencias

👉 HILO CONDUCTOR

Es evidente que Stephanie tendrá que contemplar cuáles serán las nuevas tendencias en tratamientos si quiere que su clínica destaque entre la inmensidad de ofertas del mercado sanitario.

Ella piensa que una buena cultura basada en los datos, donde se combinarán las investigaciones más recientes junto con el historial de cada paciente, permitirá un trato mucho más personalizado. En definitiva, la integración en la clínica de sistemas inteligentes automatizados ayudará no solo a determinar cuál es el tratamiento más eficaz, sino también para predecir qué complicaciones pueden derivar en una determinada enfermedad. ¿Conseguirá este sistema revelar patrones conductuales que hagan que los enfermos puedan mejorar?

Son tantas las posibilidades que ofrece *Machine Learning* en el mundo de las empresas que resulta muy complicado poder resumirlas.

Unas de las cuestiones que se han de dominar para que el negocio sea competitivo, y así se mantenga, es tener la suficiente capacidad de **analizar la oferta.** Para ello, y antes de entrar en este concepto, se hará una distinción entre lo que representan los términos **oferta** y **demanda:**

◗ **Oferta:** conjunto total de bienes o servicios disponible en el mercado.
◗ **Demanda:** conjunto de bienes o servicios disponibles que son necesarios para cubrir las carencias del mercado.

 **IMPORTANTE**

El análisis de la oferta tiene como objetivo definir las cantidades de productos que se tiene la intención de vender y acordar las condiciones para su venta.

Una vez aclarados los conceptos, con el análisis de la oferta se determinará cuántos productos se han de tener a disposición del consumidor atendiendo no solo a la cantidad, sino también al precio, plazos y en qué lugares.

No obstante, con el análisis de la oferta se presenta una extraordinaria oportunidad para hacer una evaluación de las **debilidades y fortalezas del negocio.**

¿Con qué idea se realizaría este "examen de conciencia"?

Es importante que, con la respuesta que seguidamente vas a disponer, reflexiones de nuevo sobre la importancia que tienen los datos:

¿Para qué?
- Con idea de aumentar la ventaja competitiva y crear estrategias de negocio efectivas, incluidas ofertas atractivas.

¿Cómo?
- Llevando a cabo una concienzuda revisión del historial de la oferta. Recopilado los datos (cuantitativos y cualitativos) de fuentes primarias y secundarias (consumidores, encuestas, clientes, publicidad, artículos, blogs, etc.).
- Revisando la oferta presente.
- Analizando previsiones futuras.
- Con idea de conocer cuántos productos ha entregado, está entregando y cuántos podrá ofrecer la competencia al mercado (posición de la competencia).

 **CONSEJO**

Es esencial conocer qué posicionamiento tiene la empresa en el mercado con respecto a sus competidores para lanzar productos. No olvides que analizar la oferta de un producto significa que se ha de realizar un concienzudo análisis de la competencia a la que te enfrentarás: cuanto más sepas de ella, más indicadores tendrás a tu favor para diseñar estrategias comerciales exitosas.

4.1. Tecnología al servicio de los pequeños negocios

Si has reflexionado sobre la importancia de los datos, seguramente habrás advertido que será mucho más fácil realizar el análisis de la oferta con herramientas y tecnología inteligente, o...

¿Piensas todavía que tu negocio podrá sobrevivir en este paradigma económico sin la ayuda de la tecnología inteligente?

Evidentemente, son muchas las pequeñas y medianas empresas que aún no han tenido la oportunidad como tú de descubrir las grandes ventajas que ofrecen la inteligencia artificial y las técnicas de *Big Data*. Sirva esto para empoderar a la tecnología como instrumento al servicio del desarrollo de la economía para dar impulso a la actividad comercial.

Con todo ello, la tecnología se debe percibir como algo alcanzable para todo tipo de negocios.

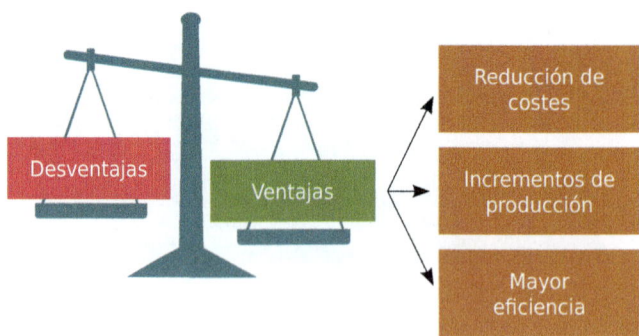

Una vez que se ha procedido a realizar el análisis de la oferta, debes comparar tu producto con el de tu competencia más directa.

¿Sabes qué dos factores intervienen para determinar cuál es la posición de salida que te corresponderá con respecto a la de tus competidores?

La posición competitiva de tu producto o del servicio que comercialices dependerá de dos importantes elementos:

➲ **Precio:** dependerá del precio al que fijes el producto.
➲ **Número de atributos:** dependerá también del número de atributos del producto que marque las diferencias con respecto al producto de la competencia.

NOTA

Cuanto mayor sea el número de particularidades (atributos) que definan tu producto y de las que carezca la competencia, más ventaja competitiva tendrás para salir a jugar en el mercado.

- -

Machine Learning contribuye en la fijación del precio de los productos en relación a las variaciones que se producen en la demanda.

Los motivos de las variaciones de la demanda son diversos:

➲ Promociones y competencia
➲ Huelga
➲ Respuestas de la naturaleza
➲ Patrones estacionales, etc.

NOTA

No olvides que el precio de un producto o servicio puede oscilar, dando respuestas tanto a cambios previsibles como situaciones imprevisibles.

- -

Asimismo, la modificación del precio de un producto puede afectar a la demanda. Por ejemplo, tan solo tienes que observar que, en general, cuando los precios de un producto masivo suben, el consumidor se decanta por reducir la compra de este, sobre todo si se trata de un producto no considerado como básico.

Pero también pueden darse otras conductas en los consumidores, especialmente en los productos básicos de alimentación e higiene personal:

Adquirir la misma cantidad de productos
- Pero de menor calidad.
- Alimentarse con menos cantidad. Disminuir cantidades en la preparación de los platos (los productos duran más porque se consumen más lentamente).
- Decidirse a consumir otros productos más nutritivos que requieran menores cantidades de ingredientes.

Adquirir menos cantidad de productos
- Directamente reducir la compra de productos.

En función de esto, y a tenor de todas las variables posibles y factores de influencia que afectan a la demanda, ¿cómo se planifica eficazmente un negocio en relación al almacenaje y la distribución?

IMPORTANTE

Con todo ello, y para saber mantener el equilibrio entre la oferta, la demanda y los precios, la dirección de un negocio siempre agradecerá contar con una herramienta eficaz que resuelva con agilidad la compleja toma de decisiones.

ACTIVIDAD COMPLEMENTARIA

2. Imagina que tienes una tienda de alimentación con un pequeño almacén, con todo muy bien organizado. El precio del mercado del arroz ha bajado,

Continúa en página siguiente >>

<< Viene de página anterior

por tanto, tu precio de venta también. Haces una previsión de la cantidad de los tipos y marcas de arroz que deberás tener en el almacén y así proveer y atender con corrección a tu clientela.

¿Cuál será tu decisión? ¿Proveerte de más cantidad de arroz?

Un modelo de aprendizaje automático **guía con rigor la flexibilidad de los precios** de los productos.

Proporciona las respuestas de cuánto se verá afectada la demanda con un cambio de precio. Esta apreciación es de gran valor para el vendedor en cuanto a:

- El pronóstico de ventas en las promociones
- La optimización de los precios para liquidar *stocks,* rebajas o fin de temporada
- El ajuste recurrente de precios a tenor de los precios fijados por proveedores y variaciones de los costes de producción

No obstante, la flexibilidad de los precios en sí misma no refleja todo el impacto que producen los cambios en los precios.

Observa con atención la tabla que viene a continuación. Posteriormente tendrás una explicación de lo que en ella se detalla:

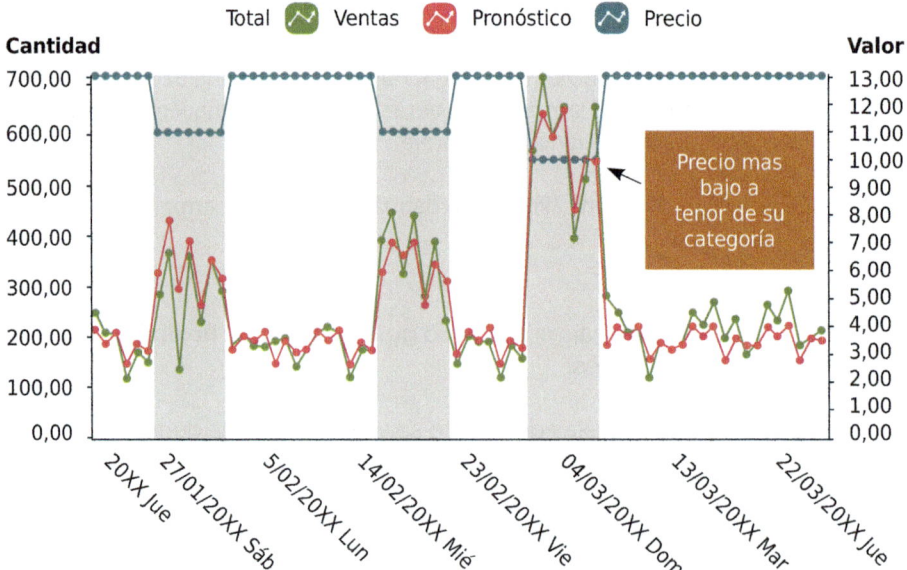

Gráfica en la que se representa la relación entre la demanda, la elasticidad del precio de un producto según su categoría

En la tabla anterior se distinguen dos apreciaciones importantes:

⮕ Cuando el precio de ese producto baja mucho, la demanda aumenta.
⮕ El momento más alto de la demanda se produce cuando el precio del producto es el más bajo de su categoría.

Definitivamente, y en muchísimas ocasiones, el cambio de precio de un producto afecta de forma considerable a los productos de esa misma naturaleza. La gráfica muestra que el producto de una misma categoría que tiene el menor precio caza el porcentaje más alto de consumidores. Esto viene a decir que **los sistemas de gestión basados en el aprendizaje automático pueden pronosticar la colocación del precio de los productos o fijación dinámica de los precios.**

TAREA 3

La curiosidad de Andrés por conocer cómo empresas tan importantes como Amazon utilizan algoritmos para fijar los precios le ha llevado a querer aprender

Continúa en página siguiente >>

<< Viene de página anterior

cómo puede él adoptar las estrategias de las grandes compañías para que su negocio se vea favorecido.

Basándote en el caso de Andrés, indica la clave para crear estrategias de *Social Media* eficaces, conociendo los beneficios que reporta el uso de la inteligencia artificial para la investigación del mercado.

RELEX Solutions es una conocida compañía que trabaja a nivel mundial y se dedica, como otras muchas, al asesoramiento de los negocios minoristas. Recientemente hizo un estudio sobre cuestiones que podían mejorar la competitividad de las pequeñas y medianas empresas (supermercados americanos) mediante una eficaz planificación de sus recursos en cuanto a:

Las conclusiones de dicha investigación proporcionaron las siguientes claves:

El 41 % de los encuestados manifestó su impotencia frente a los recursos de Amazon.

El 63 % de los negocios minoristas del sector de la alimentación ya utilizan canales online.

Ninguno de los encuestados manifestó que los productos frescos no fueran prioridad para su negocio.

2/3 de los encuestados indicaron que mermó en un 1,5 % sus ingresos anuales por productos frescos caducados.

Un 81 % de los encuestados está pensando en hacer cambios en sus fórmulas de pronóstico.

Resultados de Survey-Based Research Study | 2020. Fuente: RELEX.

NOTA

A día de hoy, sigue existiendo cierta resistencia por parte de muchos minoristas en la adopción de soluciones como *softwares* de optimización de *Retail.* En parte esto ocurre por el desconocimiento al creer que la transformación digital abarca exclusivamente la utilización de canales *online,* pero también por otros motivos de mayor peso. Muchos condenan que los recursos tecnológicos basados en la inteligencia digital y en el *Big Data* son exclusivos de las grandes compañías, y no llegan a cuantificar el coste real de su no implementación.

Con aplicar las técnicas asociadas a las ciencias de los datos, la inteligencia artificial y contar con el poder de un sistema computacional en la venta al por menor, se conseguiría un nivel de competitividad mucho mayor en este tipo de negocios que podrán estar a la altura de grandes compañías.

4.2. Tendencias del mercado e inteligencia artificial

La información es poder. Sin ella cualquier empresa daría palos de ciego en la elaboración de sus estrategias.

Partiendo de este principio y conociendo los grandes beneficios que ofrece la inteligencia artificial, muchas empresas tecnológicas están creando plataformas inteligentes para aprovechar la enorme información que proporcionan los clientes y consumidores a través de sus opiniones en tiempo real.

Integrar soluciones de este tipo implicaría una serie de beneficios para los negocios:

 Averiguar gustos de los consumidores

Analizar cómo se posiciona la competencia

 Cruzar datos propios con los de la competencia

Identificar tendencias del mercado

 Identificar problemas de productos y tomar decisiones rápidas

Aumentar la conversión, etc.

NOTA

Averiguarás, algo más avanzada la unidad, cómo la inteligencia artificial puede escuchar las opiniones de los consumidores en tiempo real.

5. Fidelización de clientes usando aprendizaje reforzado

👉 HILO CONDUCTOR

Siguiendo con el plan de negocio, sin dejar atrás el componente humano que es lo que verdaderamente más le importa a Stephanie, mejorar la calidad de vida de los pacientes requiere de un contacto periódico con los especialistas y con el centro. ¿Qué estrategias utilizará para fidelizar a sus pacientes haciendo uso de la inteligencia artificial?

Es fundamental conseguir que un cliente quede fidelizado con el negocio para favorecer la buena marcha de la empresa. Las fórmulas para **conseguir la lealtad** de los consumidores pueden ser diversas. En ellas intervendrán **estrategias, aplicación de técnicas** y **acciones directas** a fin de conseguir que los clientes decidan adquirir los productos o servicios ofertados con asiduidad en la empresa.

¿Qué dos claros objetivos persigue la fidelización del cliente?

- **Compras recurrentes:** conseguir que el cliente que haya adquirido un producto o servicio en un negocio se convierta para este comercio en un cliente habitual.
- **Promoción:** conseguir que los clientes satisfechos promocionen el comercio y hagan labores de embajadores.

 IMPORTANTE

Para conseguir que tu producto o servicio satisfaga a tus clientes y obtener su lealtad, no basta con tener un producto innovador. Se requiere de estrategias específicas a través de las cuales se obtiene la confianza del consumidor.

En ocasiones, en el ámbito comercial, existe la costumbre de confundir los términos **fidelidad** y **satisfacción.** Es evidente que ambos vocablos responden a definiciones diferentes. Sin embargo, estos dos conceptos están íntimamente relacionados y pueden ser objeto de confusión:

Satisfacción	Es el conjunto de emociones que describe la sensación que vive un cliente hacia un producto, un servicio o incluso hacia la propia empresa. Un cliente satisfecho es más fácil de fidelizar.
Fidelización	Es la retención ganada del cliente que hace posible que continúe adquiriendo productos o servicios por experiencias previas. Un cliente fidelizado es un cliente satisfecho.

La satisfacción de un cliente surge cuando consigue cubrir o superar sus expectativas. Ahora bien, el que un cliente esté satisfecho no significa que tenga que ser fiel al comercio.

La compleja relación entre fidelidad y satisfacción depende entonces de múltiples factores. En ello está la clave para que un cliente no sea desleal y se dirija a la competencia en su próxima compra.

Con el objetivo de aclarar esta cuestión, piensa que el diseño de estrategias para la fidelización de clientes y la toma de decisiones deberá tratar de combinar múltiples factores que remen a favor y no en contra:

- Cubrir las necesidades
- Comprender las necesidades
- Responder a los requerimientos
- Atención personalizada
- Proporcionar experiencias únicas
- Conocer las preferencias
- Superar las expectativas

Las diversas mecánicas que se pueden utilizar implican un gran esfuerzo para los comercios, ya que las acciones, además de planificarse, deben aplicarse a diferentes áreas:

- **A nivel del área de *marketing*:** aplicar métricas para medir el nivel de satisfacción de los clientes y definir y poner en marcha estrategias evaluables atendiendo a objetivos específicos, medibles, alcanzables, relevantes y acotados en el tiempo.
- **A nivel del área de ventas:** generar una base sólida de confianza para con el cliente y alimentarla.
- **A nivel del área de servicio al cliente:** focalizar esfuerzos para dar una atención de calidad por los distintos canales utilizados para establecer una comunicación con el cliente antes, durante y después de la venta.

 **CONSEJO**

Existen características que definen el buen servicio al cliente y que todo plan estratégico de fidelización debe contemplar: agilidad, comodidad, buena comunicación y buen trato, receptividad, conocimiento y personalización, etc.

El cliente ofrece varias oportunidades a lo largo de su **ciclo de compra** para que el negocio pueda aplicar estrategias de fidelización. Aunque la vinculación no es tarea fácil, cada etapa representa momentos para la empresa donde poder aportar un valor añadido:

Fase de atención
- Donde el cliente comienza a ser consciente de que tiene que cubrir una necesidad o resolver un problema. **¿Cómo hacer que el cliente te encuentre y conecte con tu marca? ¿Cómo localizar a esos clientes a los que tú puedes ofrecer una respuesta eficaz?**

Fase de búsqueda o investigación
- El cliente realiza una búsqueda para encontrar qué alternativas ofrece el mercado para responder a su problema. Hace comparativas. Topa con tu negocio y valorará qué opciones le das para cubrir su necesidad. **¿Qué hacer para que tu propuesta se tenga en cuenta?**

Fase de decisión
- El cliente, tras valorar y estudiar las alternativas, deberá tomar la decisión de seleccionar el establecimiento en el que realizará la compra. **¿Qué hacer para impactar?**

Fase de acción
- Has conseguido que el cliente te elija, pero antes ha valorado múltiples factores: precio, calidad, tiempos de entrega, servicio de devolución, atención, competencia, las características técnicas, etc. **¿Qué fue lo que motivó su elección?**

Fase de servicio de posventa
- Es el momento de medir el grado de satisfacción de tu cliente. **¿Cómo puedes mejorar la experiencia? ¿Conseguiste recomendación?**

No es posible avanzar en el contenido sin nombrar unas de las métricas más importantes asociadas a la fidelización. Esta métrica indica el beneficio generado por un cliente a lo largo de la relación con el negocio.

Dicha métrica recibe el nombre de *Customer Lifetime Value,* reconocida por sus iniciales **CLV.**

CLV es una excelente métrica para medir el rendimiento de un negocio, ya que permite identificar el beneficio generado por un cliente a lo largo de la relación comercial.

¿Por qué es importante hacer esta medición?

5.1. Aplicación del aprendizaje reforzado

Con independencia de que CLV te permitirá conocer qué inversión puedes destinar a campañas publicitarias para que ese esfuerzo económico sea rentable, gracias a las técnicas utilizadas en el **aprendizaje automático** se consigue contar con un pronóstico muy preciso del valor que supone cada cliente para el negocio desde su primera adquisición.

¿Qué relación tiene esta información con la fidelización?

Si has pensado lo suficiente sobre la cuestión anterior, quizá has podido llegar a una buena conclusión. No obstante, por si acaso aún no tienes una respuesta clara, enseguida vas a entender el porqué de la relación entre la **métrica CLV** y la **fidelización** y los **algoritmos:**

⮑ **Métrica CLV:** los algoritmos pueden entrenarse para asignar un valor muy preciso de la métrica CLV, tanto es así que ellos realizan una segmentación de la base de clientes en posesión de la empresa a tenor del valor que los clientes representan para el negocio.
⮑ **Fidelización de clientes:** conociendo cuáles son los "compradores de más valor" para el negocio, será posible diseñar eficaces estrategias de fidelización.

Sirva como ejemplo para explicar el contenido anterior el trabajo de la compañía Lead Ratings.

Esta firma ha construido un sistema de algoritmos donde, una vez integrados dentro de una plataforma, el *software* es capaz de predecir no solo la probabilidad de que finalmente un usuario o consumidor se convierta en comprador, sino que también aprovecha los registros ya existentes de clientes para identificar aquellos que más valor podrán generar.

Con esta fórmula, el negocio que tenga implementada una solución como esta podrá ofrecer a sus mejores clientes un trato preferencial con la idea de poderlos fidelizar.

IMPORTANTE

En este ecosistema económico tan competitivo, es vital contar con sistemas inteligentes que sepan segmentar grupos de clientes y, además, permitan co-

Continúa en página siguiente >>

<< Viene de página anterior

nocerlos en profundidad. De esta forma se podrá personalizar la comunicación o el mensaje que quieras enviar aportando un valor diferencial.

Sin duda, aquellos negocios que implementan la inteligencia artificial salen muy favorecidos a la hora de establecer relaciones duraderas con sus clientes. Pero, más allá de hablar de algoritmos de fidelización, hay que resaltar el **aprendizaje por refuerzo** como una de las modalidades de aprendizaje automático más empleada para la automatización del negocio en cuanto a la relación con el cliente.

Aprendizaje por refuerzo

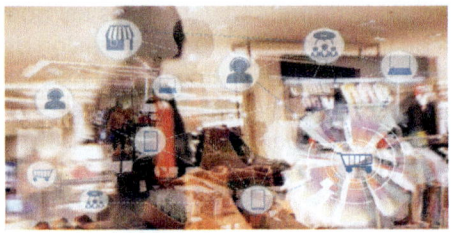

- Su aplicación es muy común en aquellos casos en los que ha de resolverse un problema para sobrevivir en un entorno complejo. Ejemplo de ello son los coches autónomos, donde hay que dar respuestas a situaciones inesperadas. Pero también son de utilidad en el complejo mundo de los negocios, donde es muy dificultoso predecir todos los movimientos del mercado sin errar.

No hay mejor manera para explicar cómo funciona el aprendizaje reforzado que imaginar el complejo ecosistema del mercado.

Imagina un contexto como el de un gran centro comercial por el que fluyen todo tipo de clientes con necesidades y gustos diferentes. Ahora trata de pensar en la diversidad de escaparates que muestran infinitos artículos y multitud de información por todas partes.

¿Qué objetivo podría tener el aprendizaje reforzado?

Siguiendo con el planteamiento anterior, ahora una de las tiendas lanza un algoritmo para obtener respuestas que aporten un valor añadido al negocio.

El algoritmo tendrá que informar sobre qué factores determinarán el grado de fidelidad que podría tener cada cliente con respecto a este comercio. Para ello, el modelo deberá investigar la inmensa cantidad de datos disponibles con idea de poder resolver este gran dilema.

El escenario planteado resulta ser dificultoso y realmente complejo, ya que son muchos y diversos los factores que intervienen en la satisfacción de los clientes y que facilitarán la fidelización. No obstante, el mayor desafío para el algoritmo será realizar una **explotación** de millones de datos con idea de intercambiarlos para realizar una buena **exploración.**

¿Recordabas que el aprendizaje por refuerzo es un tipo de aprendizaje automático muy especial?

No te preocupes si no lo recordabas, de nuevo tendrás una breve explicación.
- La principal diferencia del aprendizaje por refuerzo con respecto al aprendizaje supervisado es que este último inicia su desempeño contando con un montón de ejemplos "etiquetados" que indican al modelo qué acciones deben realizarse para según qué situación.

Aprendizaje reforzado versus aprendizaje no supervisado
- La principal diferencia del aprendizaje por refuerzo con respecto al aprendizaje no supervisado es que este último centra su esfuerzo en detectar estructuras dentro de un grupo de datos, mientras que el aprendizaje reforzado se focaliza en mejorar las señales de recompensa.

NOTA

En términos generales el aprendizaje automático supervisado se utiliza para detectar una situación y categorizarla, siendo el principal objetivo extrapolar circunstancias que no se encuentran en los datos de entrada (datos de entrenamiento). Muy diferente es la ardua labor del aprendizaje reforzado.

Existen una serie de **elementos** que definen el **aprendizaje por refuerzo** y que, sin duda, hace que este se convierta en un **nuevo paradigma de la inteligencia artificial.**

Para contar con una correcta explicación vas a imaginar el impacto que pueden tener distintos agentes externos sobre el medioambiente para responder a la cuestión siguiente:

¿Qué elementos intervendrán en la creación de un ecosistema de referencia que imite a uno natural?

Este modelo vendría definido por **cuatro elementos:**

- **Política de medioambiente:** gracias a la política es posible hacer una definición de la manera en la que un agente (algoritmo) adopta un comportamiento. La política registra las acciones que tendrían que ponerse en marcha en función de los diferentes estados adoptados por el ecosistema (objeto de estudio).
- **Indicación de distinción o recompensa:** revela cuál es el objetivo del dilema, es decir, qué se pretende resolver o solucionar. Cada cierto tiempo, el ecosistema retornará un determinado número de recompensas, ya que el objetivo del agente es encontrar el máximo de recompensas, que son las que determinan si las acciones son buenas o malas para el agente.

  - Una baja recompensa significa que la política debe modificarse para las siguientes acciones.
  - Una alta recompensa indica que la política de esas acciones es correcta.

- **Función valor:** la señal o indicación de recompensa indica qué decisión es la mejor a corto plazo, mientras que la función valor señalará qué opción es mejor para el largo plazo.
- **Ejemplo representativo:** corresponde al modelo de ecosistema que imita al ecosistema natural.

Un modelo de ecosistema que imita el medio natural puede ayudar a predecir cómo será el comportamiento de la naturaleza frente a la acción de diferentes agentes, sin necesidad de poner en peligro el medioambiente e indicando qué circunstancias nuevas se darán y cómo se han de mejorar.

IMPORTANTE

El aprendizaje por refuerzo se utiliza para predecir el comportamiento del objeto de estudio, predice cuál será el siguiente estado del objeto estudiado, proporcionando información de cuál ha de ser la recompensa, es decir, es realmente eficaz para llevar a cabo una planificación de acciones estratégicas que se quieran llevar a cabo. Este tipo de aprendizaje predice cuál será el siguiente escenario tras aplicar esas estrategias y, además, indica cuál debe ser la recompensa.

Es indudable que, hoy más que nunca, cualquier negocio necesita de una diversidad de **herramientas de *marketing*** para adentrarse en el mercado con efectividad y eficacia. Quizá se trate de una de las áreas de la empresa más importantes.

Es posible que todas las empresas tengan un plan de negocios en el que han incluido las estrategias de *marketing*. Pero, **¿se hace de manera inteligente?**

¿Qué información proporciona internet de nuestros potenciales clientes?
- Un elevadísimo porcentaje de consumidores utiliza las redes sociales para comunicarse e informar de aquello que le resulta de interés.

¿Qué dice internet de nuestro negocio?
- Un porcentaje muy alto en las decisiones de los consumidores se toman en función de lo que internet dice del negocio.

¿Qué capacidad de influencia tiene el *marketing* en el consumidor?
- Existe una cultura de consumo y el *marketing* de las empresas está estrechamente relacionado con ello.

ACTIVIDAD COMPLEMENTARIA

3. ¿Por qué es importante aplicar la inteligencia artificial en las estrategias de *marketing* digital?

5.2. Sistema inteligente de escucha social

El Instituto Nacional de Estadística (INE) publica datos muy interesantes de analizar.

En la siguiente tabla se muestra el porcentaje de usuarios de internet (con edades comprendidas entre 16 y 74 años) y el tipo de actividad que realizó en el uso de internet en los últimos tres meses. Estos datos corresponden al año 2020.

¿Ves algún dato relevante que te permita extraer alguna conclusión? En el listado de servicios que los usuarios pueden utilizar por internet tienes una pista.

SERVICIOS DE INTERNET	MUJERES	HOMBRES
Recibir o enviar correo electrónico	80,2	83,7
Telefonear o realizar videollamadas a través de internet	84,9	81,9
Participar en redes sociales (con un perfil de usuario)	71,2	67,5
Usar mensajería instantánea	96,9	95,1
Buscar información sobre bienes o servicios	83,4	84,6
Leer noticias, periódicos o revistas de actualidad *online*	79,7	83,3
Escuchar música (emitida por internet o en *streaming)* o descargar música	71,5	74,9
Ver programas emitidos por internet (en directo o en diferido) de canales de televisión	48,2	52,1
Ver películas o vídeos bajo demanda de empresas comerciales	57,3	60,9
Ver contenidos de vídeo de sitios para compartir	74,5	77,3

Continúa en página siguiente >>

<< Viene de página anterior

SERVICIOS DE INTERNET	MUJERES	HOMBRES
Jugar o descargar juegos	36,2	43,2
Buscar información sobre temas de salud	78,3	65,5
Concertar una cita con un médico a través de una página web o de una app de móvil	46,8	39,6
Acceder a archivos personales de salud	19,1	18,6
Acceder a otros servicios de salud *online* en lugar de ir al hospital	23,7	20,2
Realizar algún curso *online* (o parcialmente *online*)	28,7	27,9
Utilizar material de aprendizaje *online* que no sea un curso completo *online*	37,8	37,5
Comunicarse con monitores o alumnos utilizando portales o sitios web educativos	35,0	28,7
Vender bienes o servicios	12,8	17,2
Utilizar banca electrónica	64,5	68,8
Colgar contenidos propios (texto, fotos, música, vídeos, *software*, etc.) en una página web para ser compartidos	40,8	40,6
Utilizar un espacio de almacenamiento en internet	42,9	49,3
Realizar apuestas *online* por dispositivos móviles o fijos en salones de juego o similar	2,3	4,9

Encuesta sobre Equipamiento y Uso de Tecnologías de Información y Comunicación en los Hogares.

IMPORTANTE

El incremento del uso de las tecnologías de la información y comunicación (TIC) en los hogares es evidente. El *Big Data* recoge los movimientos de los usuarios en internet, siendo un gran recurso informativo para que todo tipo de empresas pueda competir en un mercado cada vez más globalizado.

- -

Sin duda la proliferación de las redes sociales ha supuesto para las empresas nuevas rutas de penetración en los mercados y para su subsistencia. Esto implica un esfuerzo para aprender el manejo de **estrategias de *Social Media*** con el objetivo de ganar competitividad en el sector.

 **DEFINICIÓN**

Estrategias de *Social Media*
Son aquellas acciones orientadas a aumentar la interacción en los perfiles sociales de la empresa a través de las diversas plataformas sociales. Su fin es el de alcanzar unos objetivos de *marketing* establecidos que están alineados con los objetivos generales de la empresa y, a su vez, han de estar definidos en el propio plan de *marketing.*

Sin embargo, y para ganar valor competitivo, ya no basta con que un negocio tenga presencia en redes sociales y mantenga una mediana comunicación con su público objetivo.

¿Dónde está entonces la clave para ganar competitividad con las estrategias de *Social Media*?

Definir estrategias significa construir los caminos apropiados mediante la aplicación de tácticas que llevan a alcanzar los objetivos de manera más eficaz. Esto significa que las mecánicas deben emplearse en aquellos entornos digitales contextualizados, donde prevalezca el conocimiento del público y del mercado (entorno y competencia) para poder diseñar y dirigir acciones estratégicas.

¿Cómo podrías generar un contenido atractivo para conectar con tu público objetivo si no conoces qué le interesa, qué le preocupa, qué necesidades tiene y qué propuestas le ofrece la competencia?

Para dar respuestas a las anteriores preguntas has de tener en cuenta que la característica principal del mercado actual es que este cambia muy rápido. Por consiguiente, y a tenor de este dato, hay que dotar a la empresa de una **doble velocidad** que le permita tomar **rápidas decisiones estratégicas.**

En este sentido, y como podrás sospechar, es la inteligencia artificial la que jugará un papel determinante para la empresa en el área de *Social Media.*

El factor clave para ganar competitividad en las redes sociales es la gestión de un gran importante volumen de información.

IMPORTANTE

La inteligencia artificial en el *Social Media* juega un papel realmente importante, es la única capaz de procesar inteligentemente toda la información que generan las redes sociales para dotar a la empresa de la ventaja competitiva que necesita.

Un **sistema de escucha social basado en inteligencia artificial** correctamente configurado proporcionará a la empresa, y en tiempo real, una cantidad de información de alto valor:

- Los estudios del mercado son más efectivos, pues proporcionan información de audiencias ubicadas en distintos contextos geográficos pero al mismo tiempo.
- La información se recopila, clasifica y visualiza a una velocidad de vértigo.
- Permite hacer un examen exhaustivo y al mismo tiempo en tres niveles:

  - Mercado: históricos, tendencias, impacto, penetración...
  - Clientes: conversaciones, alcances, posicionamiento...
  - Competidores: opiniones, necesidades, pensamientos...

IMPORTANTE

Sin duda, la gestión eficaz de los datos pasa por una extracción, un análisis y una comprensión de la información inteligente, no basada en las técnicas tradicionales, para crear estrategias de negocio con garantías de éxito.

---

6. Estrategias nacionales para el desarrollo de la inteligencia artificial

☞ HILO CONDUCTOR

De vez en cuando es muy importante tomar cierta distancia. Stephanie quiere tener una visión mucho más global para saber en qué medida sus decisiones presentes impactarán en el futuro en la actividad de su clínica. Tras detenerse y conocer el plan de estrategia digital de inteligencia artificial y todas las aportaciones privadas, es evidente que el objetivo es desarrollar una infraestructura mucho más adecuada para que las empresas puedan sacar su máximo potencial.

Con todo ello, Stephanie ha visto una gran oportunidad para que en un futuro inmediato sus especialistas puedan seguir aplicando tratamientos a distancia gracias a la conectividad. ¿Podrán en breve sus cirujanos operar a sus pacientes a distancia? Esto sería una excelente oportunidad de colaborar con otros centros y hospitales, dejando la huella de su marca.

Hasta ahora, la gran labor de entes públicos y privados, junto con todas las inversiones llevadas a cabo para el desarrollo tecnológico, han permitido que España ya cuente con una fuerte infraestructura que proporciona un enorme potencial para el desarrollo y aplicación de la inteligencia artificial en cualquier ámbito o sector:

Iniciativas públicas para el desarrollo de la sociedad de la información	
Plan Avanza 2006-2010	Objetivo: desarrollo económico a través del uso de las TIC.
Plan Avanza II 2011-2015	Objetivo: reforzar el Plan Avanza I continuar afrontando retos nuevos.
Agenda digital España 2013	Objetivo: establecimiento de líneas de actuación para el cumplimiento de la Agenda 2015 y 2020 en cuanto a desarrollo de la economía y sociedad digital.
Plan España digital 2025 2020-2022	Objetivo: transformación digital del tejido económico de forma inclusiva y transición ecológica.
ENIA 2021-2025	Objetivo: avanzar el desarrollo tecnológico en España como país en un entorno globalizado.

6.1. Planes Avanza

Ya han pasado muchos años del **Plan Avanza,** pero conocer la historia siempre ayuda a comprender cómo nacen las estrategias. También sirve para comprender cómo las nuevas tecnologías surgen y se van implementando a medida que sus predecesoras se hacen maduras, adoptándolas la sociedad como algo normal.

Plan Avanza 2006-2010
- En su nacimiento intervienen representantes del sector de las TIC, distintos colectivos sociales y empresariales y representantes de las administraciones.

A continuación, describimos los objetivos del Plan Avanza:

● **Impulsar las TIC:** alcanzar la correcta utilización de las tecnologías de la información y de la comunicación (TIC) para ayudar a la conquista de un modelo de desarrollo económico basado en el aumento de la productividad y la competitividad.
● **Promover la igualdad:** disminuir la brecha social y promover la igualdad, la mejora del bienestar y la calidad de vida de la ciudadanía.

El Plan Avanza perseguía el desarrollo de la sociedad de la información en convergencia con las entidades locales, comunidades autónomas y, por supuesto, Europa. Su estructura consistía en:

Ciudadanía digital
- Focaliza el esfuerzo en aumentar el número de hogares equipados para el uso de las TIC de forma habitual e incrementar un nivel de conciencia sobre las ventajas que proporciona formar parte de una sociedad de la información.

Economía digital
- Se centra en aumentar el porcentaje de pymes en la adopción de las TIC para mejorar los procesos propios de los negocios. Como ejemplo, se impulsa la implantación de la factura electrónica. También pretende incrementar el número de empresas que estén conectadas a la banda ancha.

Continúa en página siguiente >>

<< Viene de página anterior

Servicios públicos digitales
- Se focaliza en conseguir una e-Administración completamente desarrollada, es decir, facilitar que la ciudadanía y agentes empresariales puedan relacionarse electrónicamente con las administraciones públicas. También pretende transformar la educación basada en modelos convencionales en una educación cimentada en la sociedad de la información.

Contexto digital
- Conseguir infraestructuras de telecomunicaciones en áreas desatendidas.
- Ampliar la extensión de la banda ancha.
- Sensibilizar a la ciudadanía a través de planes de formación, a las empresas y a los organismos públicos. Es en esta área donde se pretende dar impulso a la identidad digital (uso de certificado electrónico).

 **NOTA**

El Plan Avanza tenía como meta que el gasto en TIC sobre el PIB se situara en el 7 % al finalizar el año 2010.

Para llevar a cabo la estrategia del Plan Avanza, se aplicaron actuaciones con diferentes objetivos:

- Adopción de las TIC en las pymes españolas. Deberán tener conexión a internet el 99 % de las empresas con más de diez empleados y el 79 % de los autónomos y empresas con menos de diez empleados.
- Incorporar TIC y fomentar el negocio electrónico. El 39 % de las pymes de más de diez empleados tendrían que tener sitio web y un 55 % de ellas deberán realizar actividades de comercio electrónico, siendo un 26 % para las empresas de menos de diez empleados.
- Promocionar los beneficios de la facturación electrónica.
- Describir, desarrollar y adecuar la normativa aplicable y de los estándares técnicos necesarios para la implantación de la factura electrónica.
- Implicación de los agentes públicos y privados involucrados en el Plan Avanza (empresas, grandes prescriptores, instituciones financieras, Administración tributaria, etc.).

➲ Lanzar campañas informativas y de sensibilización para el uso de la factura electrónica. Implicación del sector privado para fomentar su utilización.

 **NOTA**

Como puedes observar en la descripción de los objetivos, se utilizó la factura electrónica como elemento clave transformador para impulsar a las empresas hacia un ecosistema digital.

Con el Plan Avanza II, se dio continuidad al plan de acción constituido en la primera estrategia, pero además se incorporaron nuevas actuaciones y alguna que otra actualización. La idea era ir adaptando los objetivos a los nuevos desafíos con los que la sociedad digital se iba encontrando.

El Plan Avanza II fue mucho más exigente en cuanto a objetivos, ya que con la experiencia del primero se encontraron algo más de **30 nuevos desafíos.**

En el siguiente listado encontrarás enumerados algunos de los objetivos:

➲ Promover procesos innovadores TIC en las administraciones públicas.
➲ Extender las TIC a la sanidad y al bienestar social.
➲ Potenciar la aplicación de las TIC al sistema educativo y formativo.
➲ Mejorar la capacidad y la extensión de las redes de telecomunicaciones.
➲ Extender la cultura de la seguridad entre la ciudadanía y las empresas.
➲ Incrementar el uso avanzado de servicios digitales por la ciudadanía.
➲ Extender el uso de soluciones TIC de negocio en la empresa.
➲ Desarrollar las capacidades tecnológicas del sector TIC.
➲ Fortalecer el sector de contenidos digitales garantizando la mejor protección de la propiedad intelectual en el actual contexto tecnológico y dentro del marco jurídico español y europeo.
➲ Desarrollar las TIC verdes.

NOTA

Fue necesario adoptar más de 100 medidas para alcanzar los objetivos del Plan Avanza, además, se definieron algunos indicadores para poder hacer un fiel seguimiento.

Con todas las medidas propuestas se pretendía que se diera una colaboración entre los diferentes entes: Administración pública, CC. AA., entidades locales, entidades sin ánimo de lucro y los distintos agentes económicos del sector privado.

PARA SABER MÁS

Si tienes curiosidad por conocer con más detalle las actuaciones y los seguimientos de los dos Planes Avanza, el Observatorio de Economía Digital (ONTSI - Observatorio Nacional de las Telecomunicaciones y la Sociedad de la Información) publica esos informes.

https://redirectoronline.com/ifct163po0406

6.2. Agenda digital

Fue en el año 2013 cuando España desarrolló una nueva estrategia, con fecha límite 2020, llamada **Agenda Digital** para España, donde de nuevo primaba el desarrollo económico y la sociedad digital.

La Agenda 2020 se diseñó como recurso ágil para acondicionar la sociedad hacia un desarrollo tecnológico más profundo.

En un principio la Agenda Digital englobaba **106 líneas de actuación** en torno a **seis** importantes **metas:**

- Desplegar redes y servicios para posibilitar la conectividad digital.
- Empoderar a la economía digital para que la empresa española sea más competitiva en el ámbito internacional.
- Aumentar la eficiencia de la e-Administración.
- Fortalecer la confianza global en torno al ecosistema digital.
- Dar impulso a la investigación, desarrollo e innovación para una industria competitiva y de futuro.
- Favorecer la inclusión social mediante la alfabetización digital de la sociedad y promover nuevas profesiones en torno a las TIC.

Los **planes de acción de la Agenda 2020** se distribuyeron en dos bloques. El primero en el año 2013, en el que se englobaron siete actuaciones. Luego en el 2014 se ampliaron con dos planes más:

6.3. España Digital 2025

Ya más cercanos los tiempos de una sociedad más tecnológica, la estrategia **España Digital 2025** se confeccionó con idea de aunar y adoptar todos los programas que, a lo largo de los años, distintos gobiernos fueron aplicando.

España Digital 2025 engloba un conjunto de acciones moduladas por diez ejes que, a nivel estratégico, cohesionan los criterios marcados por Europa. Estas medidas tienen varios objetivos:

⮺ **Garantizar la conectividad**

- Para el 100 % de la población.
- Hacer desaparecer la brecha digital.
- Garantizar al menos una cobertura de 100 Mbps.

⮺ **Liderar el despliegue 5G:** mantener el liderazgo como país con una red de infraestructura a nivel de cobertura 5G potente con idea de poder mejorar la productividad, el progreso de la sociedad y la consistencia de una estructura de país con territorios cohesionados y bien organizados.

- 100 % espectro para tecnología 5G.

⮺ **Competencias digitales:** favorecer el desarrollo de competencias y habilidades digitales de trabajadores y de la ciudadanía.

- 80 % de personas con habilidades digitales básicas, de las cuales el 50 % deberán ser mujeres.

⮺ **Ciberseguridad, inteligencia artificial y datos:** potenciar nuevos profesionales del sector de la ciberseguridad, inteligencia artificial y científicos de datos.

- 20.000 nuevos especialistas.

⮺ **Administraciones públicas:** acceso de al menos el 50 % de los servicios públicos a través de apps.
⮺ **Empresas:** impulsar la transformación digital de las empresas con especial atención a las más pequeñas.

- 25 % de contribución del negocio *online* al total del negocio.

- **Proyectos transformadores:** impulsar proyectos que impacten positivamente en las estructuras productivas o actividades de los distintos sectores económicos.

  - 10 % de reducción de emisiones CO_2 originadas por la digitalización.

- **Mejorar visión de España:** difundir España como núcleo inversor para fomentar el empleo y los negocios.

  - 30 % de aumento de producciones visuales en España.

- **Economía del dato:** generar un escenario seguro y de confianza respetando la privacidad de los datos, pero aprovechando todo el potencial de tecnologías basadas en inteligencia artificial y el *Big Data*.

  - Uso de la inteligencia artificial y el *Big Data* por un 25 % de empresas.

- **Derechos digitales:** divulgar y garantizar los derechos digitales de la ciudadanía para navegar en un ecosistema digital seguro y confiable.

  - Carta de Derechos Digitales.

Como has podido ir descubriendo a lo largo de estas iniciativas y planes estratégicos, la focalización de estos esfuerzos a nivel nacional se ha ido poco a poco centrando en dos objetivos fundamentales:

- **Base de conocimiento:** afianzar, en la sociedad en general y en las empresas en particular, unos pilares básicos de conocimiento sobre la inteligencia artificial, los datos y la infraestructura necesaria para aplicar la tecnología en diferentes campos, conociendo el impacto que ello tendrá en la economía y en el empleo.
- **Liderazgo:** mantener un liderazgo como país a la hora de abordar la transformación digital de los sectores productivos y las instituciones públicas, además de dotar a la ciudadanía y todos los agentes sociales y económicos de una cultura digital que favorezca el uso adecuado de las tecnologías con la mayor seguridad. Favorecer el desarrollo e investigación en el campo de la inteligencia artificial.

¡Todavía te queda profundizar en el último plan estratégico y que da las pautas sobre las actuaciones a nivel nacional más inmediatas!

6.4. Estrategia Digital de Inteligencia Artificial (ENIA)

A tenor de todos los **desafíos tecnológicos** que van aconteciendo a lo largo del tiempo, y a fin de sacar el máximo provecho, es muy importante que empresas y negocios estén al tanto de las decisiones que se van tomando a nivel estatal.

Portada de la Estrategia Nacional de Inteligencia Artificial. ENIA 2021-2023

El plan de acción ENIA busca que España forme parte del liderazgo a nivel mundial para la investigación y el desarrollo de la inteligencia artificial.

ENIA es una estrategia con un riguroso plan de acción cuyo objetivo es servir de guía para facilitar el desarrollo económico y social del país, de manera sostenible e inclusiva de la mano de la inteligencia artificial y el *Big Data*. ENIA tiene la finalidad de impulsar la inteligencia artificial como aspecto fundamental del plan España Digital 2025 en su línea de actuación "Economía del dato".

Objetivos ENIA

¿Habías oído hablar de ENIA? Seguro que tiene y tendrá grandes repercusiones para las empresas españolas.

Son siete los objetivos de este exigente plan estratégico:

- Posicionar a España como país con un alto compromiso de empoderar la excelencia científica en el campo de la inteligencia artificial y todo aquello que implique innovación en esta área.
- Propulsar el uso de la lengua española en el desarrollo de programas y aplicaciones basados en inteligencia artificial.
- Impulsar la creación de empleo cualificado en el ámbito de las nuevas tecnologías, fomentando la formación y descubriendo el talento español, además de servir de atracción a talentos de todo el mundo.
- Enriquecer el tejido productivo español, incorporando la tecnología basada en la inteligencia artificial para optimizar la productividad de las empresas y las administraciones públicas con el fin de que esto sirva de impulso para un crecimiento y desarrollo económico inclusivo y sostenible.
- Generar en los distintos actores económicos y sociales un entorno de confianza hacia la inteligencia artificial, tanto en el área de desarrollo como en el normativo.
- Alinear el desarrollo tecnológico con los valores humanistas a fin de impulsar una sociedad de bienestar, donde las nuevas tecnologías estén al servicio de la humanidad y sean garantía para el ejercicio de los derechos individuales y colectivos.
- Servirse de la tecnología basada en la inteligencia artificial para reducir la brecha social, de género y digital, y para descubrir un mundo más inclusivo y sostenible.

Los **desafíos** a los que se enfrenta ENIA para alcanzar sus objetivos son tan diversos como ilusionantes:

Competencias digitales
- Mejorar competencialmente las habilidades digitales de la ciudadanía, con atención especial a aquellos colectivos que sufren riesgo de exclusión social.

Transformación digital
- Impulsar la transformación digital de las pymes.

Gestión de datos
- Impulsar los grandes almacenes de datos y el acceso a estos.

Mejora de servicios públicos
- Aumentar la eficiencia y eficacia de los servicios públicos a fin de que estos sean más productivos.

Estimular la inversión
- Promover las colaboraciones entre entes públicos y privados y aumentar las inversiones en investigación, desarrollo e innovación.

ENIA pretende transmitir un importante mensaje a los agentes productivos del país como son las grandes, medianas y pequeñas empresas, y también a todos los profesionales autónomos con independencia de su actividad:

➲ **Informar del funcionamiento de la IA:** trasladar la información de que la inteligencia artificial es capaz de resolver complejos problemas sin necesidad de tener que participar en la programación de los sistemas para proporcionar instrucciones, a diferencia de los programas informáticos tradicionales.

➲ **Informar del potencial de la IA:** hacer comprender el potencial de la inteligencia artificial como parte fundamental para entender cómo funciona esta, y conocer así todo su potencial con un mensaje sencillo en cuanto a aplicaciones.

Las nuevas tecnologías basadas en la inteligencia artificial y en las técnicas *Data Mining* son las protagonistas en un gran escenario de transformación del país desde diferentes enfoques, debido a su alto grado de penetración e impacto intersectorial.

| Sector tecnológico | Sector social | Sector económico | Sector ambiental |

La Estrategia Nacional de Inteligencia Artificial enfoca todo su contenido en destacar factores determinantes que se han alineado para favorecer un entorno de **transformación digital** de todos los sectores:

➲ Brutal incremento en volúmenes de datos listos para ser utilizados.
➲ Proliferación de potentes sistemas computacionales de enorme capacidad de almacenamiento.
➲ Conocimiento de métodos de aprendizaje automático que siguen siendo investigados para su mayor desarrollo.

Ejes estratégicos de ENIA

En ENIA se describen seis importantes **ejes estratégicos.** En cada uno de ellos se ha definido un conjunto de acciones que servirán para alcanzar los objetivos del plan:

- **Eje n.º 1:** impulsar la investigación científica, el desarrollo tecnológico y la innovación en la IA.
- **Eje n.º 2:** promover el desarrollo de las capacidades digitales, potenciar el talento nacional y atraer talento global en la IA.
- **Eje n.º 3:** desarrollar plataformas de datos e infraestructuras tecnológicas para soporte de la IA.
- **Eje n.º 4:** integrar la IA en las cadenas de valor para transformar el tejido económico.
- **Eje n.º 5:** potenciar el uso de la IA en la Administración pública y en las misiones estratégicas nacionales.
- **Eje n.º 6:** establecer un marco ético y normativo que refuerce la protección de los derechos individuales y colectivos, a efectos de garantizar la inclusión y el bienestar social.

El primer eje de actuación está formado por siete interesantes medidas. La suma de estas actuaciones está enfocada a impulsar el **I+D+i de la inteligencia artificial:**

- Red Española de Excelencia en IA.
- Refuerzo del sistema de contratos pre/posdoctorales de investigación en IA.
- Flexibilizar la trayectoria científica del personal investigador en IA.
- Promover la creación de nuevos centros nacionales de desarrollo tecnológico multidisciplinar con especial foco en neurotecnologías.
- Programa de ayudas a empresas para el desarrollo de soluciones en IA y datos.
- Reforzar la red de centros de innovación digital *(Digital Innovation Hubs DIH)* especializados en IA a nivel de investigación.
- Crear el Programa de Misiones de I+D+i en IA para abordar grandes desafíos sociales.

El segundo eje, cuyo objetivo es promover el desarrollo de capacidades digitales de la sociedad y potenciar el talento, cuenta con cuatro significativas medidas:

- Desarrollo del Plan Nacional de Competencias Digitales.
- Promover una mayor oferta formativa en formación profesional y universitaria orientada a la IA.
- Puesta en marcha del Programa *SpAIn Talent Hub.*
- Lanzar un programa de ayuda a la homologación de títulos y acreditaciones internacionales para la atracción de talento internacional, promoviendo el talento femenino.

A las once medidas expuestas anteriormente se suman otras cinco correspondientes al tercer eje de acción, que persigue el desarrollo de plataformas de datos para sostener toda la infraestructura necesaria para sacar el máximo potencial a la inteligencia artificial.

- Creación de la Oficina del Dato y del *Chief Data Officer*.
- Creación de espacios compartidos de datos sectoriales e industriales y repositorios descentralizados y accesibles.
- Impulso al Plan Nacional de Tecnologías del Lenguaje.
- Refuerzo de las capacidades estratégicas de supercomputación *(cloud, edge, quantum)*.
- Puesta en marcha del Proyecto Datos por el Bien Social.

La integración de la inteligencia artificial en las distintas cadenas de valor con el fin de transformar e impulsar todo el tejido económico del país corresponde al cuarto eje de actuación.

Las medidas incluidas en este eje son cuatro:

- Lanzamiento de programas de ayudas para empresas para incorporación de IA en los procesos productivos de las cadenas de valor.
- Programas de impulso a la transferencia de innovación en IA mediante los centros de innovación digital especializados en IA de carácter industrial.
- Lanzamiento del Fondo *NextTech* de capital riesgo público-privado para impulsar el emprendimiento digital y crecimiento de empresas en IA *(scale ups)*.
- Desarrollo del Programa Nacional de Algoritmos Verdes.

Para potenciar la utilización de la inteligencia artificial como eficaz recurso para las administraciones públicas está el quinto eje, con sus cinco interesantes medidas:

- Incorporar la IA en la Administración pública para mejorar la eficiencia y eliminar cuellos de botella administrativos.
- Poner en marcha un laboratorio de innovación para nuevos servicios y aplicaciones de la IA en la Administración pública (GobTechLab).
- Fomentar las competencias IA en la Administración pública.
- Programa IA para una Gestión Pública Basada en Datos.
- Promover misiones estratégicas nacionales en el ámbito de la Administración pública donde la IA puede tener impacto (foco en salud, justicia, empleo).

Las últimas cinco medidas definidas en la Estrategia Digital 2025 son las que corresponden al plan de actuación del sexto eje, que tiene por objetivo conformar un marco ético legislativo que sirva de refuerzo para la protección y garantía del ejercicio de los derechos digitales individuales y de todos los colectivos que conforman la ciudadanía con el fin de mejorar la inclusión y el bienestar social:

- Desarrollo de un sello nacional de calidad IA.
- Poner en marcha observatorios para evaluar el impacto social de los algoritmos.
- Desarrollar la Carta de Derechos Digitales.
- Puesta en marcha de un modelo de gobernanza nacional de la ética en la IA (Consejo Asesor IA).
- Promoción de foros de diálogo, sensibilización y participación nacionales e internacionales en relación a la IA.

Conectividad 5G

Pero existe un aspecto sustancial que definitivamente es clave para que la inteligencia artificial, en todas sus versiones, pueda implementarse en cualquier ámbito productivo sin dificultad.

¿Puedes adivinar cuál es?

Uno de los elementos que está marcando el comienzo de la nueva revolución industrial es la llamada **conectividad 5G.**

Consiste en una nueva generación tecnológica (5.ª generación) basada en unos estándares de comunicación inalámbrica, caracterizada por que proporciona una conectividad de baja **latencia,** permitiendo la transmisión de datos entre distintos dispositivos con un nivel de respuesta a una velocidad de vértigo.

 **DEFINICIÓN**

Latencia
Es el tiempo que tarda en ejecutarse una orden de transmisión de datos entre dispositivos con conexión a internet. Cuanto menor sea la latencia, menos retardo existe.

La **conectividad 5G** es primordial y se atesora como **ingrediente principal** en cualquier **estrategia digital,** ya sea del país que sea. También supone un salto cualitativo y cuantitativo para abordar la transformación digital a nivel de empresa, pues gracias a ella proliferarán los servicios de internet en la nube y serán cada vez más los dispositivos interconectados.

Seguidamente vas a tener un listado de beneficios que ofrece esta potente tecnología:

Nuevos modelos de negocio
- Con una altísima velocidad y baja latencia podrá existir inteligencia artificial de vanguardia tan necesaria para el funcionamiento del internet de las cosas (IoT).

Nuevas capacidades productivas
- En la dotación de capacidad transformativa para las empresas ya existente y también para los servicios públicos.
    - Transporte
    - Industria
    - Sanidad
    - Educación
    - Cultura
    - Etc.

Logística eficiente
- Con una comunicación inteligente en la que los flujos de trabajos conectados reaccionarán a una enorme velocidad.

Disminución de costes y aumento de productividad
- Tiempos de respuestas muy cortos y aumento de la velocidad de los procesos.

Crecimiento de empleo
- Con una estimación de aumento del empleo de más de veinte millones en un periodo de cinco años.

Desarrollo económico
- Posibilitando un crecimiento del volumen de negocio de más de diez billones de euros en un periodo de cinco años.

NOTA

Se estima que esta quinta generación de tecnología permitirá una hiperconectividad ininterrumpida, posibilitando que millones de dispositivos conectados a internet puedan comunicarse entre ellos sin los límites que todavía existen con los recursos actuales: ADS, fibra óptica o LTE-4G.

Por otra parte, ya no será necesario disponer de una infraestructura física para poder hacer uso de servicios que todo negocio requiere, como son los servicios de almacenamiento *(Cloud Computing)* basados en la nube o los típicos programas informáticos, ya que todo estará interconectado a través de servicios de internet.

APLICACIÓN PRÁCTICA

Juan es propietario de un negocio. Vende y distribuye todo tipo de escaleras de estilo moderno diseñadas por su hija. Su negocio se caracteriza por:

- **En el estudio se diseña el prototipo.**
- **Los materiales los proporcionan varios proveedores de distintas localidades del país.**
- **En la nave, un equipo de trabajo da forma al diseño una vez que recibe los materiales.**
- **Finalmente se expone en la tienda, siendo Juan y una dependienta la cara visible de la empresa.**

Poco a poco la empresa va ganando cuota de mercado, y aunque el tipo de negocio es algo complejo, parece que todo va viento en popa. Una de las cuestiones que más le preocupa a Juan es reducir el tiempo del proceso. Su hija María le indica que ahora que ya existe un despliegue del 5G es el momento de plantarle cara a la transformación digital.

¿Por qué María relaciona la transformación digital del negocio con la conectividad que ofrece el 5G?

Continúa en página siguiente >>

<< Viene de página anterior

Solución

Para que una empresa pueda abordar la transformación digital con mayor eficacia, debe contar con elementos que le permitan aumentar su capacidad de respuesta y nivel de competencia, posibilitando la toma de decisiones rápidas y permitiendo hacer pronósticos acertados.

La IA es perfecta para que los datos puedan utilizarse por los negocios con carácter predictivo. Sin embargo, es la conectividad 5G la que consolidará la transformación digital. Con ella, podrá existir un mayor número de dispositivos conectados que puedan acceder a servicios de internet al mismo tiempo para coordinar tareas entre distintas áreas de la empresa. También facilitará las operaciones haciendo uso de servicios de almacenamiento en la nube sin interferencias ni cortes.

Como ya se ha indicado previamente, España cuenta con una **infraestructura privilegiada** para abordar **los retos tecnológicos** y de **investigación científica.**

Una de las grandes dificultades que hasta ahora presentaban las nuevas tecnologías es que para que pudieran ser operativas y eficientes requerían de una base potente de conectividad y velocidad en la transferencia de grandes volúmenes de datos.

6.5. Aportaciones privadas

Las **aportaciones privadas** para el desarrollo de las nuevas tecnologías en la mejora de la **conectividad** y **velocidad** de las comunicaciones son destacables.

Titular en prensa que refleja el compromiso privado para el desarrollo de tecnologías 5G. (© Imagen: La Vanguardia / lavanguardia.com)

Tanto Vodafone España como Telefónica han apostado por generar una sólida infraestructura de fibra óptica a la que ahora se sumará el 5G. Una tecnología que revolucionará la economía y la sociedad.

NOTA

Como ya sabes, la tecnología avanza rápidamente y, tras la próxima democratización de la tecnología 5G que la convertirá en madura, nacerán otras nuevas que doten de mayor conectividad.

Ha sido necesario un esfuerzo conjunto de toda la sociedad civil, empresarial e institucional para colocar a España en una posición favorable con un alto potencial a la hora de sobrevivir en un entorno global donde la inteligencia artificial y la nueva revolución tecnológica tomarán cada vez más protagonismo en el crecimiento de la economía.

No hay que olvidar que, a lo largo de este duro camino para acondicionar la infraestructura necesaria para sacar el máximo potencial a la tecnología, han existido y **aún conviven iniciativas a nivel europeo** orientadas a generar confianza en el ámbito tecnológico.

 **PARA SABER MÁS**

Si tienes curiosidad por conocer cómo se instrumentalizaron los principios éticos de la inteligencia artificial por la Comisión Europea, no dudes en descargar el documento que fue firmado en Bruselas el pasado 8 de abril del año 2019:

https://redirectoronline.com/ifct163po0408

7. Recomendaciones web

HILO CONDUCTOR

Avanzado el plan de negocio de la clínica, llega el momento en el que Stephanie deberá abordar un importante apartado como es el plan de *marketing.* La idea es centrar todas las estrategias para que vayan encaminadas a alcanzar un solo objetivo. Sin duda alguna, lo hará con la ayuda de la inteligencia artificial.

Una vez descubierto hacia dónde van las políticas públicas y privadas para el desarrollo de las nuevas tecnologías en España y en Europa, seguirás avanzando en el contenido con idea de profundizar en la importancia que tienen los sistemas inteligentes automatizados adoptados por las empresas para gestionar una correcta gestión de datos.

NOTA

La **gestión de los datos de los clientes** implica abordar uno de los más importantes retos a los que se enfrenta un negocio, sobre todo cuando se habla de *marketing online.*

Con la adecuada aplicación de técnicas de *marketing* y sus estrategias mejora, sin duda, la comercialización de productos y servicios para responder a esas necesidades reclamadas por millones de consumidores que navegan a diario por internet, por lo que es sustancial que los negocios tomen posiciones en el ecosistema *online* para atraer a esos potenciales clientes.

Con el *marketing* **digital** se inicia un seductor proceso por el cual los consumidores comienzan a interesarse por el servicio o el producto que comercializas en tu empresa. Este interés es el resultado de realizar un arduo trabajo, donde la gestión de los datos es enorme:

La investigación del mercado y su comportamiento
- Sirve para construir ventajas competitivas de la oferta con el conocimiento profundo de las particularidades del mercado con el que se trabaja. Aquí se utilizan indicadores cuantitativos y cualitativos, y servirán de base para constituir un sistema de indicadores acorde a los objetivos que persigue la investigación.

Análisis de los intereses de los clientes potenciales
- Antes de conocer qué genera interés, es necesario realizar una clasificación de clientes potenciales, con estos datos:
    - Rango de edad.
    - Profesión.
    - Aficiones.
    - Etc.
- Después se analizarán datos como:
    - Preferencias de compra.
    - Frecuencia de compras.
    - Cómo compra.
    - Etc.

Comprensión de las necesidades
- Conocer al futuro comprador con idea de diseñar la solución que, de manera más óptima, cubra las necesidades del cliente potencial y cumpla o supere las expectativas.

La **meta del** *marketing* es que los negocios **capten, retengan** y **fidelicen** a los **clientes potenciales,** proporcionándoles los recursos para conocer qué ha de tener ese producto o ese servicio para proporcionar la mayor satisfacción en la cobertura de las necesidades:

⊃ **Captación de clientes:** aplicación de técnicas de captación de clientes como estos ejemplos, aunque hay muchas más:

  ◖ Con ***Marketing*** **360°:** generando experiencias de usuarios, adaptando mensajes coherentes a la marca en diferentes canales y con distintas audiencias, conectando con el consumidor y promoviendo la interacción, etc.
  ◖ Con ***Inbound Marketing:*** creando estrategias que giren alrededor del *Buyer* personal o cliente ideal, etc.
  ◖ Aplicación de técnicas de posicionamiento **SEO** y **SEM.**

⊃ **Retención de clientes:** llevando a cabo estrategias para que la atención del cliente hacia el negocio permanezca:

  ◖ Manteniendo comunicación y que esta sea personalizada.
  ◖ Inspirando a los consumidores con la misión de la marca.
  ◖ Dando respuestas rápidas, generando confianza.
  ◖ Siendo proactivo en redes sociales.
  ◖ Proporcionando experiencias de usuarios.
  ◖ Etc.

⊃ **Fidelización de clientes:** facilitando la construcción de relaciones duraderas:

  ◖ Programas de fidelización.
  ◖ Servicios diferenciales que mejoren la experiencia del usuario al realizar la compra.
  ◖ Etc.

 **NOTA**

La gestión de los datos en el área del *marketing* digital es bien amplia. En ella se tratan tanto los datos generales del mercado correspondientes a su análisis como la información de clientes potenciales y la base de datos de los que ya son clientes.

7.1. *Marketing* digital y sistemas inteligentes automatizados: *Customer Data Platform*

La tecnología más avanzada viene para ayudar en toda esa **gestión de datos** a los que se enfrenta el departamento del *marketing* o bien el profesional encargado de ello.

En la actualidad el recurso más utilizado para gestionar tantos datos es el denominado **Customer Data Platform** (CDP):

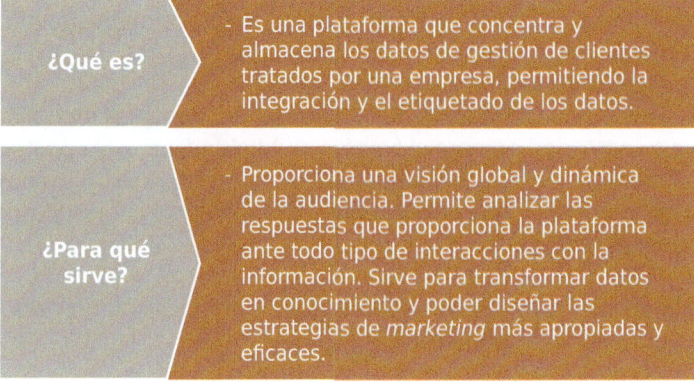

¿Qué es?
- Es una plataforma que concentra y almacena los datos de gestión de clientes tratados por una empresa, permitiendo la integración y el etiquetado de los datos.

¿Para qué sirve?
- Proporciona una visión global y dinámica de la audiencia. Permite analizar las respuestas que proporciona la plataforma ante todo tipo de interacciones con la información. Sirve para transformar datos en conocimiento y poder diseñar las estrategias de *marketing* más apropiadas y eficaces.

 **IMPORTANTE**

Gracias a la labor de una plataforma *Customer Data* se podrán aplicar nuevas tecnologías como las propias de la inteligencia artificial para sacar el máximo provecho del procesamiento de los datos con carácter predictivo. La función de un CDP es recoger y centralizar datos, eliminar duplicidades y descartar información sin valor para crear un único perfil lo más completo posible del consumidor.

Gracias a las plataformas CDP, es posible gestionar y aprovechar la inmensidad de datos disponibles desde el punto de vista del *marketing:*

➲ **Datos demográficos:** obtenidos a través de las *cookies* o mediante los dispositivos móviles mediante los cuales los usuarios interactúan. Los datos demográficos consisten en segmentar el mercado e identificar tendencias y patrones de clientes potenciales. La idea es no diseñar estrategias de *marketing* a ciegas.

⊃ **Datos conductuales:** tan importantes para elaborar métricas de *marketing* como hábitos de consumo y formas y maneras de consumir.

⊃ **Datos transaccionales:** permiten procesar multitud de datos operacionales como fuente de datos confiables para elaborar estrategias de *marketing* relacional, no tanto centradas en el producto, sino en aumentar la satisfacción del consumidor para promover una relación a largo plazo.

Con independencia del formato en el que se recojan los datos, una CDP es capaz de proporcionar información gráfica a distintos niveles. Por ejemplo, ofrece respuestas relativas asociadas a la utilización de un producto concreto u otra tan diversa como las distintas interacciones que hacen usuarios y clientes.

Un CDP admite todos los datos que un negocio puede recopilar en referencia a su actividad comercial (ventas, publicidad, etc.). No obstante, también puede integrar otros datos externos que no han sido obtenidos por el propio negocio, pero que pueden ser proporcionados por un tercero (compra de base de datos).

¿Sabías que los datos recopilados por las *cookies* son un verdadero tesoro para comercializar con ellas?

Cuando un usuario navega por distintos sitios web, las *cookies* son las encargadas de ir recopilando muchos datos de esos usuarios que, *a posteriori,* un CDP depurará con idea de quedarse con aquellos datos que le proporcionan valor adicional.

Es posible recopilar datos a través de las *cookies* del propio negocio (*cookies* propias), que alimentan el CDP. Sin embargo, también es posible comprar bases de datos a terceros (*cookies* de terceros); para ello, los usuarios debieron dar su consentimiento y así el enriquecimiento del CPD es mucho mayor.

 **DEFINICIÓN**

Cookies
Concepto que hace referencia a un fichero creado por los sitios web que posibilita la inserción en el navegador del usuario que visita esa página con la intención de proporcionar una experiencia de navegación mejor a cambio de obtener información.

Las *cookies* como fuente de datos inagotable

Los datos en sí mismos son un instrumento de intercambio comercial. Esta afirmación se materializa a través de las *cookies,* unas ricas "galletas" que alimentan a la inteligencia artificial.

Como habrás visto en muchas ocasiones al visitar sitios web, no todas las *cookies* son iguales ni tienen el mismo nombre.

La primera diferenciación dependerá del tipo de entidad que las gestione:

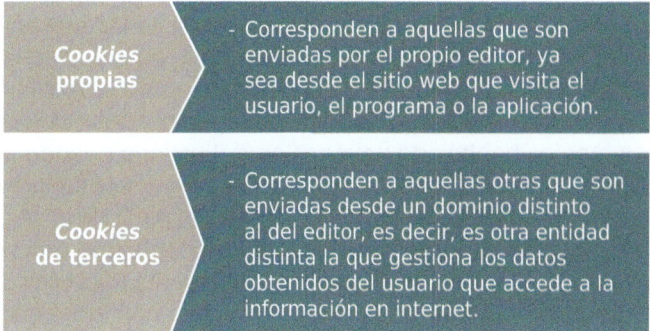

En el supuesto de que las *cookies* sean enviadas por el propio dominio que visita el usuario (mismo editor), pero cuyos datos recopilados son gestionados por un tercero, no pueden considerarse como *cookies* propias, siempre y cuando ese tercero emplee los datos para satisfacer sus propias necesidades.

Una vez diferenciadas las *cookies* propias de las de terceros, existe un buen ramillete de *cookies* con distinto nombre:

- ➲ *Cookies* **de sesión:** recopilan información del usuario mientras que este permanece en un sitio web, desapareciendo nada más finalizar la sesión. Son *cookies* de registro y recopilan datos relacionados con el ciclo de compra, permitiendo que el usuario no tenga que introducir de nuevo datos de acceso para obtener información asociada a su cuenta.
- ➲ *Cookies* **técnicas:** son las que permiten la navegación del usuario por el sitio web o el uso de la aplicación.
- ➲ *Cookies* **de preferencia:** son las que facilitan la navegación recordando la información del usuario. Hacen posible una mayor experiencia del usuario al recordar características concretas.

● *Cookies* **de análisis o medición:** el usuario que las acepta concede permiso para que el responsable de las *cookies* pueda utilizar los datos recopilados para llevar a cabo mediciones y análisis.

Pueden ser tratadas por el propio editor o por terceros. Permiten cuantificar el número de usuarios y realizar estadísticas sobre el producto o servicio ofertado.

La manera de obtener esta información es analizando la navegación del usuario cuando accede al sitio. Mejoran la solución comercial.

● *Cookies* **de publicidad comportamental:** son capaces de almacenar datos relativos al comportamiento o la actividad que el usuario deja con su huella digital.

Pueden ser tratadas por el propio editor o por terceros. Ayudan a gestionar eficazmente las distintas ofertas publicitarias mostradas en el sitio web, pues con los datos proporcionados se puede adecuar el contenido de un anuncio publicitario al servicio que el usuario solicitó o bien el uso que hizo de la web con el tipo de navegación (interacciones). Sirve para detectar los hábitos de navegación del usuario cuando accede a internet; los datos recopilados por estas *cookies* permiten mostrar ofertas asociadas a esas búsquedas o ajustadas al perfil de navegación.

● *Cookies* **persistentes:** los archivos o ficheros que recopilan los datos quedan alojados en el dispositivo del usuario. Recopilará y almacenará información durante un periodo de tiempo con independencia de que el usuario cierre o no la sesión. El gestor de las *cookies* puede acceder a datos y a su tratamiento durante el periodo de tiempo de validez de estas *cookies*.

Estas *cookies* permiten la identificación del usuario de forma unívoca, es decir, reconoce el dispositivo y el usuario sin equivocación. Recopila datos desde que el usuario accede al servicio.

IMPORTANTE

Los datos recopilados que contengan información de carácter personal de personas físicas o datos identificables estarán sujetos a la normativa del tratamiento de datos personales, tal y como lo establece el artículo 4 del Reglamento (UE) 2016/679 del Parlamento Europeo (Reglamento General de Protección de Datos).

La regulación en la utilización de las *cookies* es amplia, y a veces suelen ser confusas para la ciudadanía. Sin embargo, existen entidades oficiales que se encargan de dar difusión para que el empleo de estos ficheros que se incrustan en el navegador se haga acorde a la legislación.

La Agencia Española de Protección de Datos es una de las entidades que dan difusión de cómo debe ser el empleo correcto de las cookies.

PARA SABER MÁS

Es recomendable disponer de una guía práctica sobre el uso de las *cookies,* como el manual de la AEDP. En él se proporciona información de valor sobre el tipo de datos que las diferentes *cookies* recopilan y almacenan, además de informar sobre el tipo de tratamiento y uso que puede hacer el gestor de las mismas.

https://redirectoronline.com/ifct163po0409

A estas alturas ya has de vislumbrar que una CDP es capaz de tratar los datos con las técnicas de la minería de datos, yendo de la mano de la inteligencia artificial.

No obstante, si te resulta complicado llegar a esta conclusión, lee atentamente la siguiente afirmación: la ciencia de datos abarca todas las técnicas computacionales correspondientes a *Big Data,* algoritmos y la versión más moderna de la inteligencia artificial.

No está de más que pares un momento y vuelvas a repasar los siguientes conceptos:

- ➲ **Big Data:** engloba un conjunto de tecnología que, a modo de disciplina, permite gestionar grandes volúmenes de datos.
- ➲ **Data Mining:** hace referencia al procedimiento de extracción de datos representado por distintas fases:

  - ◑ Recogida
  - ◑ Preprocesado

  Acondiciona los datos para ser transformados en conocimiento y hacer diagnósticos y predicciones y facilitar la toma de decisiones.
- ➲ **Inteligencia artificial:** aplicación de algoritmos de aprendizaje automático a los datos extraídos del *Data Mining*. Son sistemas capaces de simular el razonamiento humano.

  - ◑ *Machine Learning.*
  - ◑ *Deep Learning.*
  - ◑ Aprendizaje por refuerzo.

Con estos tres importantes recursos, una CDP es capaz de enfrentarse a una ingesta de datos procedente de distintas fuentes, analizar la publicidad existente en internet, conocer qué se habla en las redes sociales, analizar el tráfico web, saber cómo y cuándo interactúan los usuarios y muchas informaciones más.

Proceso de integración de datos con *Customer Data Platform*

¿Cómo integra esta innovadora plataforma toda la inmensa información y cómo la procesa?

Observa atentamente la siguiente gráfica. En ella queda explicado en qué parte participa la herramienta de empresa *Customer Data Platform.*

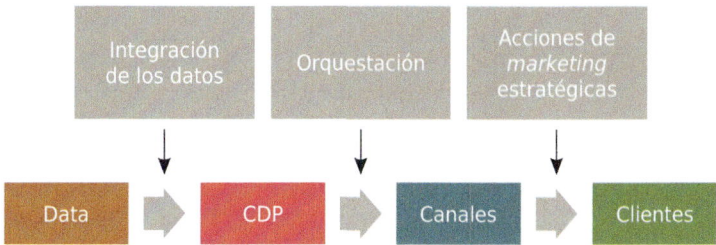

⊃ **Data:**

- ◡ Datos de comportamiento web.
- ◡ Datos de *Engagement.*
- ◡ Datos personales y demográficos.
- ◡ Datos recogidos por *cookies* o dispositivos móviles o IoT.
- ◡ Etc.

⊃ **CDP:**

- ◡ Limpieza de datos.
- ◡ Cruces de datos.
- ◡ Integración de datos multicanales.
- ◡ Segmentación.
- ◡ Predicción.

⊃ **Canales:**

- ◡ Campañas de *e-mail marketing.*
- ◡ *Marketing* directo.
- ◡ Publicidad web.
- ◡ Mensajería *push (WhatsApp,* SMS, etc.).
- ◡ Comunicación en redes sociales, etc.

⊃ **Clientes:**

- ◡ Definición de un perfil único de cliente.

Como puedes entender, la principal característica que ensalza la contribución que supone para una empresa disfrutar de una plataforma CDP es que es capaz de integrar, almacenar y procesar una gran variedad de datos en una única fuente.

Pero no confundas una CDP con otras conocidas herramientas muy utilizadas por las empresas.

 VÍDEO

A continuación podrás visualizar un vídeo donde se da una sencilla explicación de todo lo expuesto.

Cyberclick explica con todo detalle qué es y en qué consiste esta interesante plataforma con la que muchos expertos de *marketing* realizan cada día su trabajo.

https://redirectoronline.com/ifct163po0410

APLICACIÓN PRÁCTICA

Marta tiene una tienda de accesorios y complementos. Comercializa sus productos tanto desde su tienda física como a través del sitio web del negocio. Ha escuchado hablar de la eficacia de la plataforma CDP para conocer mejor cómo es la relación de los usuarios y clientes con su marca. El objetivo de Marta es enfocar mejor las estrategias de *marketing* para que estas sean más eficaces con el propósito de captar nuevos clientes y hacerlos asiduos a su comercio.

¿Qué tipos de datos son los que se integran y almacenan en esta plataforma sin contar con intermediarios?

Solución

First Party Data hace referencia a aquel conjunto de datos recopilados de primera mano por el propio negocio. Una CPD trabaja con datos de fuentes propias como, por ejemplo:

• Datos obtenidos del perfil social de la empresa en distintas redes sociales.

Continúa en página siguiente >>

<< Viene de página anterior

• Datos obtenidos del departamento de atención al cliente *(Call Center)*.

• Datos obtenidos de las interacciones de los usuarios a la web del comercio.

De estos y otros lugares se obtiene sustancial información como puede ser los comportamientos de los consumidores frente a la marca o incluso los gustos tendentes de los clientes.

Para hacer uso de datos *(2nd y 3nd Data)*, se requiere la compra de una base de datos o bien la contratación de un intermediario que complemente a los datos que la propia actividad del negocio puede recopilar.

Diferencias entre CRM y CDP

Con tantos recursos disponibles para la explotación de los datos por parte de las empresas, es lógico pensar que cualquiera pueda confundir las herramientas.

A continuación podrás observar la principal diferencia existente entre el conocido CRM y la CDP:

➲ *Customer Relationship Management* - **CRM:** se trata de una solución de empresa que facilita una gestión de relación correcta con el cliente. Los datos gestionados en este tipo de plataforma contienen información personal de los clientes pudiendo estos ser identificados. Se utiliza normalmente para crear perfiles de cliente y poder interactuar con ellos, por tanto, los datos del CRM son limitados.

➲ *Customer Data Platform* - **CDP:** igualmente es una solución de empresa que facilita la gestión de datos, siendo estos ilimitados. La diferencia estriba en que esta solución no focaliza su atención en los datos identificables de cada cliente, puesto que el análisis es mucho más global y amplio gracias a la combinación de infinidad de información que vuelcan diferentes fuentes.

8. Mejora de procesos

👉 HILO CONDUCTOR

Tras un duro y largo camino, llega el día en el que por fin Stephanie inaugura su centro médico. Es un día muy especial, ya que acudirán reconocidos profesionales del sector sanitario y del tecnológico. Stephanie ofrece unas palabras de agradecimiento a todas esas personas que ha ido conociendo y que tanto la inspiraron y consiguieron despertar en ella su gran espíritu emprendedor.

Ahora tiene la gran oportunidad de demostrar a la sociedad que las nuevas tecnologías son una ayuda necesaria. También sirven para poner a prueba la capacidad de las empresas para adaptarse continuamente a un cambio del mercado tan dinámico.

La inteligencia artificial sigue avanzando y es inevitable pensar cómo pueden ayudar estos progresos a mejorar la eficiencia de los pequeños y medianos negocios, además de a las grandes compañías.

Hace tan solo unos pocos años, era difícil imaginar que un sistema automatizado se convirtiera en un sistema inteligente capaz de tomar decisiones sin la intervención humana. Ahora que todo esto ya es una realidad, falta concienciar sobre el tejido productivo para generar una base de confianza que permita descubrir los innumerables beneficios que la inteligencia artificial puede proporcionar a la actividad empresarial.

¿De qué sirve si no recabar y disponer de un millón de datos si luego estos no son inteligentemente utilizados?

Cualquier tipo de negocio maneja suficiente información para que pueda implementar un sistema inteligente adaptado a sus necesidades y realice labores eficaces de predicción.

Quizá la mejor manera de concienciar a esos negocios rezagados es informando que ya no es una elección disponer de la inteligencia artificial si se quiere sobrevivir en la próxima revolución industrial, protagonizada por las nuevas tecnologías.

Adoptar las tecnologías inteligentes mejorará la eficacia de las decisiones y la eficiencia de las organizaciones, aportando nuevos e importantes beneficios para seguir superando los retos del mercado:

- **Aceleración de búsqueda de datos:** la tecnología basada en inteligencia artificial puede detectar y recabar grandes ingestas de datos de manera **ágil,** haciendo una categorización de estos que mejora la organización de la información para su gestión.
- **Automatización de procesos productivos:** la tecnología basada en la inteligencia artificial es la única capaz de identificar patrones dentro de los procesos convencionales del negocio para determinar las reglas que servirán para automatizar esos procesos sin que sea necesario que ningún humano intervenga.
- **Optimización en la toma de decisiones gerenciales:** la virtud más apreciada de la inteligencia artificial estriba en que es capaz de ocuparse, sin mostrar ningún cansancio, de millones de datos (estructurados y no estructurados), permitiendo tomar decisiones eficaces en tiempo real.
- **Automatización de la atención y el servicio al cliente:** la experiencia satisfactoria del cliente se verá incrementada con la participación de la inteligencia artificial. Disponer de un sistema inteligente para ofrecer un servicio de atención al cliente permitirá dar respuestas rápidas en esta era donde prima la inmediatez.

Si aun con todo sigues teniendo alguna duda de implementar en tu negocio la inteligencia artificial, tienes a continuación algunas reflexiones que te harán pensar:

Negocios inteligentes
- El gran reto actual de las empresas, y con la llegada del *Big Data*, es dotar a los negocios de un sistema capaz de gestionar de forma inteligente tanta cantidad de datos con distintos formatos y orígenes de fuentes diferentes para convertirlos en información de gran valor.

Continúa en página siguiente >>

<< Viene de página anterior

> **Mano de obra en las cadenas productivas**
> - ¿Dónde queda el capital humano en las cadenas productivas? El papel de hombres y mujeres en los procesos automatizados con sistemas inteligentes está más relacionado con el mantenimiento y la supervisión. Esto hará que las personas puedan dedicarse a tareas de más valor tanto para la empresa como para su propia satisfacción como trabajadores.

Pero aún hay más. La aplicación de la inteligencia artificial por parte de las empresas impactará de manera positiva en las decisiones internas, así como a nivel de percepción de los consumidores.

A continuación, explicamos dos ejemplos:

- **Ritmo y eficacia en la toma de decisiones internas:** ¿dónde queda el capital humano a nivel de dirección? El papel de los profesionales seguirá siendo fundamental, es más, gracias a la inteligencia artificial aumentará la capacidad del personal para desempeñar sus responsabilidades y tareas con mayor garantía de éxito. La toma de decisiones en cualquier labor vendrá precedida de una información de valor proporcionada por la aplicación de tecnologías.
- **Percepción del consumidor:** ampararse en la inteligencia artificial y su potencial en el procesamiento del lenguaje natural como, por ejemplo, los famosos *chatbots,* permitirá que las empresas puedan proporcionar una mejora en la experiencia de usuario. La agilidad, la efectividad y el coste son las claves para que la inteligencia artificial supere en esta área a la inteligencia humana, ya que se necesitaría un ejército de gente trabajando 24 h al día para dar el mismo soporte que un *chatbot.*

Incluso con la presencia y el protagonismo indiscutible de las nuevas tecnologías en las empresas para poder afrontar el nuevo paradigma económico, el éxito o no de un proyecto de negocio siempre dependerá del factor humano como elemento irremplazable.

Nos acercamos al final y mi mente vuelve al principio, a las preguntas: ¿podemos seguir pensando que el fenómeno de la robótica es tan solo una moda? ¿Podemos mirar a otro lado, deseando que pase el temporal? ¿Podemos permitirnos el lujo de ignorar la llegada del tsunami digital?

El calificativo "tsunami" describe con claridad la que se nos viene encima, salvo por un pequeño detalle: cuando llega un tsunami, no hay tiempo de reacción. Sus olas recorren el mar a la velocidad de un avión a propulsión (por encima de los 800 km/h), lo que resulta aplastante y arrasa con un final, en demasiadas ocasiones, mortal. En cambio, el tsunami digital lleva ya varios años avisando de su llegada y, si nos lo proponemos, aún tenemos tiempo para reaccionar.

Desafortunadamente, tengo la sensación de que nos podría pasar lo mismo que al pastor mentiroso del cuento del lobo. ¿Lo recuerdas? Nos han avisado tantas veces de su llegada que, cuando lo haga de verdad, nos podría coger por sorpresa.

La transformación digital ha llegado para quedarse, y todavía podemos elegir. Podemos dejarnos arrastrar (para siempre) o apostar por surfearla para llegar mucho más alto de lo que jamás hubiéramos pensado.

Si lo hacemos bien podrá generar mucho empleo y, además, devolverá la esperanza a quienes nacieron sin ella o, por un fatal accidente o una enfermedad, la dejaron por el camino. De hecho, hay quien piensa que, algún día, el mero hecho de nacer no implicará que te vayas a morir.

No sé si ese día llegará y, sinceramente, confieso que ahora mismo no me preocupa. Tenemos tantas cosas por hacer que sugiero que, por favor, nos centremos en lo que, en estos momentos, de verdad importa: todos y cada uno de nosotros…

(Silvia Leal, 2019)

 TAREA 4

Beltrán es un joven con espíritu emprendedor. Siempre soñó con tener su propia clínica dental hasta que finalmente pudo hacerse realidad. Esa actitud inquieta le hará tomar una de las más importantes decisiones. Con ello pretende que su negocio tenga más opciones para competir con otras clínicas de más renombre. Hasta la fecha, y por solo disponer de una máquina de rayos X, su personal solo puede diagnosticar a un pequeño número de pacientes.

Beltrán, apasionado de la tecnología, tiene que tomar una importante decisión: invertir en más equipos o que la inversión vaya destinada a la inteligencia artificial.

Basándote en la información proporcionada, señálale a Beltrán qué grandes ventajas le podría reportar implementar la inteligencia artificial en su clínica, atendiendo a los factores que caracterizan esta tecnología para poder aumentar el número de pacientes.

9. Resumen

La inteligencia artificial y las tecnologías asociadas a exploración y explotación de grandes volúmenes de datos y sus funcionalidades descriptivas y predictivas, pueden integrarse como sistemas inteligentes automatizados en las empresas, y sacar así todo el provecho del potencial que ofrecen las nuevas tecnologías con independencia del tamaño o tipo de actividad.

En el área de recursos humanos de las empresas, es posible implementar *People Analytics* como sofisticada herramienta para optimizar la gestión de los empleados, utilizando tecnología como *Big Data* e Inteligencia Artificial.

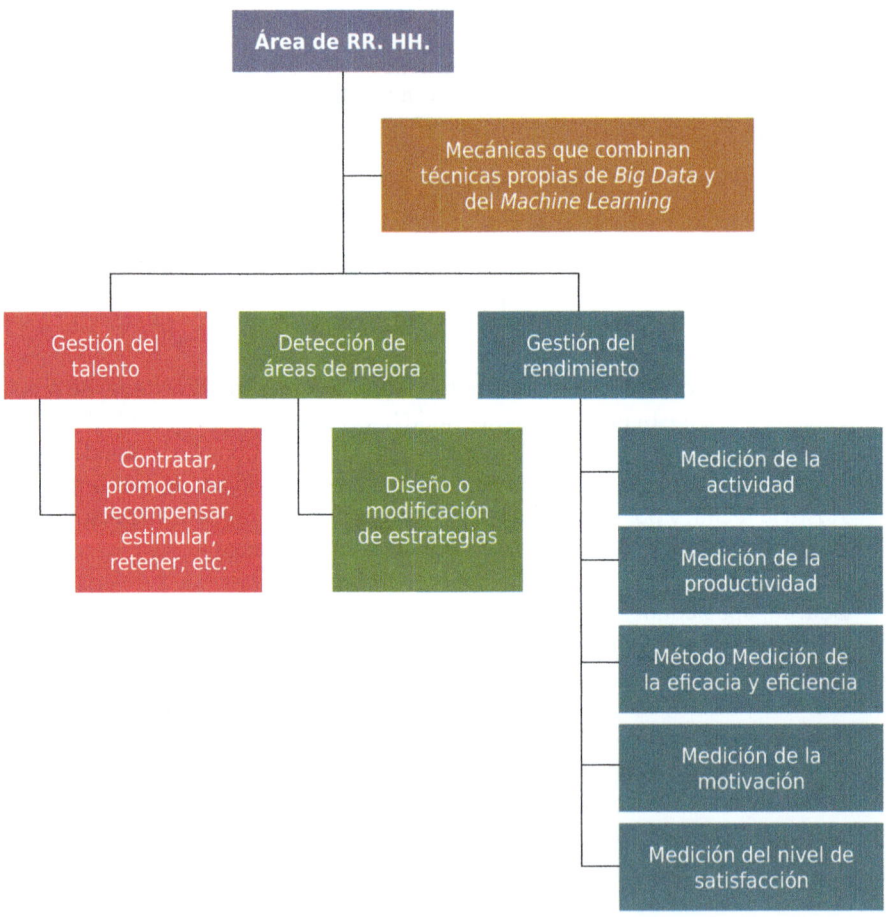

Las herramientas de *People Analytics* implican directamente a todas las áreas de la empresa, ya que facilitan la construcción de una filosofía que se extiende a modo de cultura organizacional con personalidad propia.

People Analytics conecta las vivencias de los trabajadores con los propios indicadores de la empresa a nivel de negocio.

People Analytics se apoya en los datos que se integran en modelos y se entrenan para dar respuestas no solo en el ámbito de recursos humanos, sino también en otras importantes áreas:

➲ Logística
➲ Ventas y atención al cliente
➲ *Marketing* digital

Pero también proporciona grandes beneficios a la hora de planificar por medio de sistemas automatizados la oferta y la demanda, como fórmula para dar respuestas ágiles a un mercado dinámico en continuo cambio:

➲ Sirve para averiguar gustos de los consumidores
➲ Sirve para identificar tendencias del mercado
➲ Sirve para analizar cómo se posiciona la competencia
➲ Sirve para cruzar datos propios con los de los datos de los competidores
➲ Sirve para identificar problemas de productos y tomar decisiones rápidas
➲ Sirve para aumentar la conversión, etc.

La inteligencia artificial es un innovador recurso que las empresas no deberán desaprovechar para optimizar la toma de importantes decisiones de manera ágil y con mayor eficacia:

- Predicción de *stocks,* demanda y comportamientos de los mercados
- Segmentación y análisis de la oferta. Identificación de tendencias
- Fidelización de clientes usando aprendizaje reforzado
- Recomendaciones web

Son diversas e importantes las estrategias públicas y privadas para acondicionar el escenario y facilitar la implementación de la inteligencia artificial en todos los ámbitos y a todos los niveles.

Estos planes han ido evolucionando a lo largo de los años hasta llegar a la Estrategia Nacional de Inteligencia Artificial. Se trata de un exigente proyecto con múltiples ejes de acción y treinta medidas que indican hacia dónde hay que focalizar el esfuerzo para que las pequeñas y medianas empresas tengan las mismas oportunidades de transformación con los beneficios que esto conlleva:

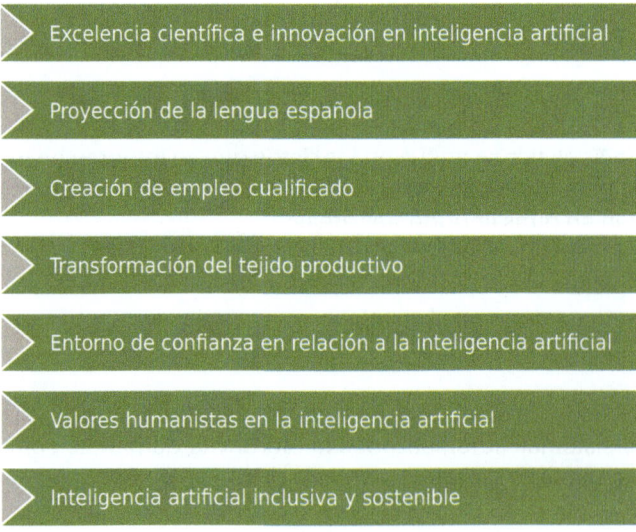

Excelencia científica e innovación en inteligencia artificial

Proyección de la lengua española

Creación de empleo cualificado

Transformación del tejido productivo

Entorno de confianza en relación a la inteligencia artificial

Valores humanistas en la inteligencia artificial

Inteligencia artificial inclusiva y sostenible

Ejercicios de autoevaluación
Unidad de Aprendizaje 1

1. Indica si las siguientes afirmaciones son verdaderas o falsas:

a. *People Analytics* puede ayudar a hacer una medición subjetiva sobre el grado de eficacia del personal que conforma tu equipo de trabajo.

   - Verdadero
   - Falso

b. Uno de los principales objetivos de *People Analytics* es aumentar el grado de satisfacción de los equipos de trabajo. Como consecuencia de ello, el nivel de productividad de las empresas mejora considerablemente.

   - Verdadero
   - Falso

c. Implementar tecnología basada en la IA es una excelente oportunidad estratégica para que una empresa pueda gestionar con eficacia equipos de personas desde el análisis de datos.

   - Verdadero
   - Falso

2. ¿Por qué es útil *People Analytics*?

a. Porque es un potente recurso para la búsqueda de talento en el mercado laboral.
b. Porque es un potente recurso para motivar y estimular a profesionales con talento.
c. Porque es un potente recurso para evitar el alto coste que supone la fuga de talentos.
d. Todas las opciones son correctas.

3. ¿Por qué *People Analytics* es una buena herramienta para el departamento de recursos humanos?

    a. Porque es capaz de identificar patrones estadísticos de profesionales no lo suficientemente valorados por el mercado.
    b. Porque es capaz de detectar y encontrar aquellos candidatos con mayor cualificación para el desempeño de un puesto concreto.
    c. Porque es capaz de ofrecer señales que alertan sobre crisis de talentos permitiendo a la empresa dar respuestas eficaces.
    d. Todas las opciones son correctas.

4. ¿Cuál de los siguientes objetivos no es un objetivo fundamental de *People Analytics*?

    a. Vincular *Data* RR. HH. con la organización.
    b. Predecir la rentabilidad del negocio en un intervalo de tiempo determinado.
    c. Ayudar a RR. HH. para el diseño de estrategias.
    d. Ayudar a los equipos directivos a calcular la eficacia de las acciones.

5. ¿Qué servicio relacionado con la demanda del mercado puede prestar un algoritmo de aprendizaje automático en el sector *Retail*?

    a. Realizar una planificación más efectiva a nivel gerencial, atendiendo a variables externas (eventos cercanos, campañas publicitarias de la competencia, días festivos, el tiempo, etc.).
    b. Captar y comprender la influencia de patrones de comportamiento de consumidores que van repitiéndose a lo largo del tiempo como puede ser la estacionalidad.
    c. Ayudar con recomendaciones a planificar el corto, medio y largo plazo de la actividad, atendiendo a las características de cada área del negocio (almacenes, tiendas, centro distribución).
    d. Todas las opciones son incorrectas.

6. ¿Qué tipo de algoritmo puede sesgar la predicción de una tendencia del mercado si no se introducen datos de forma manual?

    a. Modelo de árbol de decisión.
    b. Modelo de serie temporal.

c. Modelo *K- nearest neighbors.*
d. Modelo de tareas de regresión.

7. ¿Qué gran error suelen cometer las pequeñas y medianas empresas que les frena a la hora de adquirir un sistema inteligente automatizado?

a. Pensar que implica una revolución en los métodos de trabajo.
b. Pensar que requiere de la contratación de más personal.
c. No cuantificar el coste real de su no implementación.
d. Pensar que es muy costoso.

8. ¿Con qué iniciales se reconoce a la métrica que mide el beneficio generado por un cliente a lo largo del tiempo en el que perdura la relación?

a. CRP
b. CLV
c. CLP
d. CLR

9. ¿Qué tipo de aprendizaje automático es el más apropiado para predecir los movimientos imprevistos del mercado sin errar?

a. Aprendizaje por refuerzo.
b. Aprendizaje por refuerzo supervisado.
c. Aprendizaje por refuerzo no supervisado.
d. Todas las opciones son incorrectas.

10. El objetivo del aprendizaje por refuerzo es encontrar la mayor recompensa de cada acción. ¿Cómo lo consigue?

a. Realizando múltiples iteraciones.
b. Entrenando con nuevos datos hasta encontrar la mejor solución.
c. Explotando aquellas acciones que en un pasado sí le funcionaron, obteniendo una retroalimentación.
d. El objetivo del aprendizaje reforzado no es encontrar la mayor recompensa.

Glosario

A/B *testing*
Procedimiento estadístico por el cual se hace una comparativa entre técnicas de medición.

***Accuracy* (exactitud)**
División de predicciones bien realizadas en un modelo de clasificación. Para la clasificación de clases múltiples, la exactitud es:

➲ Exactitud = Predicciones correctas / N.° total de ejemplos

Y para la clasificación binaria:

➲ Exactitud = (Verdaderos positivos + Verdaderos negativos) / N.° total de ejemplos

***Activation function* (función de activación)**
Función que añade la suma ponderada de todas las entradas de la capa anterior generando un valor de resultado pasando a la capa siguiente.

Algoritmo
Conjunto ordenado de operaciones metódicas que permite calcular y hallar la respuesta como solución a un problema.

Aprendizaje
Sinónimo de entrenamiento.

AUC
Métrica de evaluación que tiene en cuenta todos los umbrales de clasificación posibles.

Autónomo
Dispositivo basado en inteligencia artificial que no requiere de la ayuda humana para realizar tareas.

Backpropagation (propagación inversa)
Modelo simple de referencia que sirve como punto de partida para hacer una comparativa sobre la eficacia del cometido de un modelo.

Batch size (tamaño lote)
Número de ejemplos que hay en un lote de entrenamiento.

Binary classification (clasificación binaria)
Tipo de tarea predictiva que ofrece como resultado una única alternativa.

Binning (discretización)
Consulta de agrupamiento.

Bucketing (agrupamiento)
Conversión de un atributo en un rango de valores.

Calibration layer (capa de calibración)
Procedimiento posterior a la tarea predictiva que indica el margen de predicción.

Categorical data (datos categóricos)
Atributos que cuentan con un conjunto discreto de posibles valores.

Centroid (centroide)
Resultado del cálculo del centro de un clúster por el algoritmo *k-medias*.

Checkpoint (punto de control)
Datos que capturan el estado de las variables de un modelo en un momento en particular. Facilita la exportación de pesos del modelo, permite llevar a cabo el entrenamiento en varias sesiones y admite que el entrenamiento prosiga después de los errores.

Científicos de datos
Profesionales expertos en datos que aplican técnicas de minería de datos y construyen y entrenan modelos de aprendizaje automático.

Class (clases)
Conjunto de valores o instancias que poseen la misma identidad. Segmentación por etiqueta. Por ejemplo:

- En modelos de clasificación binaria, detecta si se trata de un gato o un perro.
- En modelos de clasificación de clases múltiples, detecta distintas razas de perros: pastor alemán, cocker, etc.

Classification model (modelo de clasificación)

Modelo específico de aprendizaje automático que hace distinciones entre clases discretas. Por ejemplo, un modelo de clasificación de procesamiento de lenguaje natural determinará el idioma con el que el usuario se comunica.

Classification threshold (umbral de clasificación)

Es un criterio de valor que se usa para ordenar resultados de regresión logística a la clasificación binaria.

Clustering (agrupamiento en clústeres)

Agrupamiento de ejemplos relacionados asociados al aprendizaje no supervisado.

Clustering

Agrupación de instancias con características similares en grupos.

Collaborative filtering (filtrado colaborativo)

Tarea predictiva del algoritmo normalmente para crear sistemas de recomendaciones, en el que se hace una aproximación de los intereses de un consumidor en función a los intereses de otros muchos consumidores.

Confusion matrix (matriz de confusión)

Gráfica que resume el nivel de éxito obtenido en sus predicciones por un modelo de clasificación.

Continuous feature (atributo continuo)

Atributo que tiene un rango de valores infinitos.

Convergence (convergencia)

Hace referencia al estado alcanzado en un momento dado del entrenamiento del modelo en el que un entrenamiento extra no mejora los resultados.

Convolution (convolución)

Es una mezcla de dos funciones que mide el área de superposición entre ellas. En Machine Learning se utiliza para nombrar una operativa convolucional, es decir, el algoritmo tendrá que aprender el peso de forma separada para cada celda, lo que supondría el uso de mayores recursos. Esto supondría más memoria para el entrenamiento.

Cost (costo)

Equivalente de pérdida.

Cross entropy (entropía cruzada)

Representa una generalidad de pérdida logística para problemas de clasificación de clases múltiples. Permite cuantificar la diferencia entre dos grupos de probabilidad.

CSV (Comma-Separated-Value)

Archivo de texto en formato abierto que permite que los datos puedan ser clasificados y separados en columnas, comas y filas.

Data Analysis (análisis de datos)

Proceso por el cual se obtiene una comprensión de los datos mediante la atención de muestras, visualizaciones y mediciones. Es útil principalmente cuando se reciben por primera vez un conjunto o varios conjuntos de datos, antes de construir el primer modelo o algoritmo.

Datasets (conjuntos de datos)

Son bases de datos de diferentes índoles que, al aplicarse con tecnología *Big Data,* permiten su interpretación aun pudiendo ser estas muy voluminosas. De otra forma existirían grandes dificultades para interpretar este gran volumen de datos por sistemas de información estándar. Son colecciones de datos que se utilizan para entrenamientos prácticos de modelos.

Decision boundary (límite de decisión)

Se trata de un separador que divide clases. Es aprendido por el modelo frente a problemas de clasificación de clases múltiples o de clase binaria.

Deep model (modelo profundo)

Red neuronal que acoge a varias capas ocultas.

Dense feature (atributo denso)

Cualquier atributo en el que se encuentra una mayoría de valores que son distintos a cero.

Dense layer (capa densa)

Término equivalente a capa totalmente conectada.

Discrete feature (atributo discreto)

Atributo que contiene un conjunto finito de valores posibles.

Dropout regularization (regularización de retirados)

Método de regularización utilizado en el entrenamiento de redes neuronales.

Dynamic Model (modelo dinámico)

Modelo que se entrena en línea con actualizaciones continuas. Esto significa que constantemente ingresan datos al modelo.

Early Stopping (interrupción anticipada)
Metodología de regularización que obliga la finalización del entrenamiento del modelo antes de que el desgaste de entrenamiento deje de reducirse. Cuando ocurre la interrupción anticipada, el entrenamiento cesa en el momento en el que empeora el rendimiento de la generalización.

Embeddings (incorporaciones)
Atributo de categoría que representa un valor continuo.

Ensemble (ensamble)
Ensamblaje de las predicciones realizadas por varios modelos. Los modelos de aprendizaje profundo son un ejemplo de ensamblaje.

Epoch (repeticiones)
Proceso de entrenamiento global que hace un recorrido por todo el conjunto de datos, con idea de que sean observados una vez. Las repeticiones representan un número determinado de iteraciones.

ERM, Empirical Risk Minimization (minimización del riesgo empírico)
Activación de una función en la que el modelo minimizará la pérdida en el conjunto de entrenamiento.

Error cuadrático medio (MSE)
Criterio de evaluación para el cálculo de errores existentes entre dos conjuntos de datos.

Error medio absoluto (MAE)
Fórmula que proporciona la medida básica del error de pronóstico.

Example (ejemplo)
Fila de un conjunto de datos que contiene uno o más atributos y en ocasiones etiquetas.

Feature Engineering (ingeniería de atributos)
Procedimiento por el cual se determina cuáles serán los atributos más útiles para el entrenamiento de un modelo.

Features (características, atributo)
Corresponden a las variables de entrada que se utilizan para realizar predicciones.

Few-shot Learning (aprendizaje en pocos intentos)
Posición que adopta el aprendizaje automático para clasificar objetos. Se utiliza para aprender clasificadores ciertos con un pequeño número de conjunto de datos de entrenamiento.

FN, false negative (falso negativo)
Conjunto de datos en el que el modelo predijo de manera incorrecta la clase negativa.

FP, false positive (falso positivo)
Conjunto de datos en el que el modelo predijo de manera incorrecta la clase positiva.

Fully connected layer (capa completamente conectada)
Corresponde a la denominada "capa oculta", en la que los nodos correspondientes están conectados a otros nodos de la capa oculta sucesiva. Cuando la capa está completamente conectada también recibe el nombre de "capa densa".

Generalization (generalización)
Hace referencia a la capacidad del modelo de realizar predicciones certeras con datos que nunca fueron vistos.

Generalized Linear Model (modelo lineal generalizado)
Son modelos lineales que cuentan con propiedades específicas para la predicción, además no pueden aprender de nuevos atributos. Hacen la predicción del promedio del modelo óptimo de regresión de mínimos cuadrados que es igual a la etiqueta promedio de los datos de entrenamiento. Además, calculan la probabilidad promedio predicha por el modelo óptimo de regresión de mínimos cuadrados que es igual a la etiqueta promedio de los datos de entrenamiento.

Gradient Descent (descenso de gradientes)
Técnica que se utiliza para minimizar la pérdida de gradientes de forma iterativa con respecto a los parámetros del algoritmo, condicionados con los datos de entrenamiento.

Heuristic (heurística)
Define a aquella respuesta práctica pero no óptima a un problema, que al menos es suficiente para seguir progresando y aprendiendo.

Hidden layer (capa oculta)
Capa sintética en una red neuronal entre los atributos (capa de entrada) y la predicción (capa de salida). Las redes neuronales pueden contener una o muchas capas ocultas.

Hyperparameter (hiperparámetro)
Son las llamadas tasa de aprendizaje.

Hyperplane (hiperplano)
Marcación que hace una separación de un espacio en dos subespacios.

Inference (inferencia)
Se utiliza este término para hacer referencia al proceso predictivo con la aplicación del modelo entrenado a un conjunto de datos sin etiqueta.

Instance (instancia)
Término equivalente a un conjunto de datos o ejemplo.

Iteration (iteración)
Proceso repetitivo que se realiza para actualizar de una sola vez los pesos de un modelo durante su entrenamiento.

K-means (k-medios)
Es el algoritmo de agrupamiento más conocido y sirve para agrupar conjuntos de datos sin supervisión.

KSVM, Kernel Support Vector Machines (máquinas de vectores soporte de Kernel)
Es un algoritmo de clasificación cuyo objetivo consiste en la maximización de márgenes entre clases positivas y negativas a través de vectores.

Label (etiqueta)
Corresponde a la respuesta de un conjunto de datos.

Lambda
Término equivalente a tasa de regularización.

Layer (capa)
Define al conjunto de neuronas que forman parte de una red neuronal artificial que sentencian a los atributos de entrada o respuestas de esas neuronas.

Learning rate (tasa de aprendizaje)
Sirve para seguir escalando el entrenamiento, y con cada iteración, el algoritmo por medio del descenso de gradientes.

Least Squares Regression (regresión de mínimos cuadrados)
Es un modelo de regresión lineal sometido al entrenamiento por medio de la minimización de la pérdida L2.

Linear Regression (regresión lineal)
Es un modelo de regresión que ofrece una respuesta con un valor continuo partiendo de una combinación lineal de atributos de entrada.

Log loss (pérdida logística)
Corresponde a un atributo de pérdida que se utiliza en la regresión logística binaria.

Logistic Regression (regresión logística)
Es un modelo que genera una probabilidad aplicando una función sigmoide a una predicción lineal para cada valor de etiqueta discreto ante posibles problemas de clasificación.

Loss (pérdida)
Corresponde al cálculo de la distancia entre las predicciones de un algoritmo y su etiqueta.

Método cartesiano
Técnica propuesta por Descartes que engloba cuatro reglas y cuyo objetivo trata de evitar el error y permitir la deducción de aquello que ya es conocido.

Metric (métrica)
Corresponde a un número relevante que los sistemas tratan de mejorar como un objetivo.

Métrica de puntuación F1
Métrica de rendimiento de un modelo que evalúa los algoritmos de clasificación en función de la precisión y la sensibilidad de los resultados.

Mini Batch Stochastic Gradient Descent SGD (descenso de gradientes estocástico SGD de minilote)
Se trata de un algoritmo de descenso de gradientes que se utiliza en los minilotes.

Mini batch
Corresponde a un pequeño conjuntos de datos seleccionados arbitrariamente entre todo un lote de conjuntos de datos y dentro de una única iteración.

Model (modelo)
Término que representa un estándar de lo que un sistema de aprendizaje automático aprendió de los datos con los que ha sido entrenado.

Model Training (entrenamiento de modelos)
Procedimiento por el cual se acuerda cuál es el mejor modelo.

Multiclass classification (clasificación de clases múltiples)
Son problemas de clasificación para distinguir más de dos clases.

Neural Network (red neuronal)

Modelo de varias capas (alguna de ellas ocultas) que copia el funcionamiento del cerebro humano.

Neurona biológica

Es la principal célula del sistema nervioso que tiene como objetivo responder a estímulos mediante impulsos eléctricos. Las neuronas dan respuestas a las incitaciones advertidas generando una señal eléctrica dirigida a otra compañera neurona.

Node (nodo)

Concepto que describe una neurona en una capa oculta o bien una operación dentro de un flujo de trabajo.

Normalization (normalización)

Procedimiento por el cual se convierte en un estándar de valores un rango real de valores.

Numpy

Biblioteca matemática de código abierto que proporciona operaciones entre matrices eficaces en *Python*. *Pandas* se basa en *Numpy*.

Objective (objetivo)

Corresponde a la métrica que el algoritmo que se entrena debe mejorar.

Output layer

Corresponde a la capa final o capa de salida de la red neuronal que contiene la respuesta.

Overfitting (sobreajuste)

Término que hace referencia a la construcción de un modelo coincidente a otro pero que le resulta imposible realizar predicciones correctas con datos nuevos.

Parameter (parámetro)

Corresponde a la variable de un algoritmo en el que un sistema inteligente de aprendizaje automático se entrena por sí solo a través de las iteraciones.

Partial Dependece Plot

Técnica que permite observar el efecto de una o hasta dos características y la relación existente entre la variable de salida investigada.

Partitioning strategy (estrategia de partición)

Corresponde a un algoritmo cuya función es la de dividir las variables en servidores de parámetros.

PCA *(Principal Componet Analysis)*
Recurso que sirve para eliminar datos poco relevantes que no aportan valor al resultado predictivo de una máquina con inteligencia artificial y sí complican las labores de los algoritmos, haciéndoles perder efectividad.

Performance (rendimiento)
Da respuestas a cuánto de apropiado es un modelo o bien cómo son de certeras las predicciones.

Permutation Importance
Mecánica que sirve para la interpretación de modelos de aprendizaje automático haciendo uso de herramientas diversas.

Perplexity (perplejidad)
Comprobación de que el modelo está consiguiendo realizar su tarea.

Precision (precisión)
Corresponde a una métrica asociada a modelos de clasificación que identifica la frecuencia con la que un algoritmo hizo una certera predicción de la clase positiva.

Prediction (predicción)
Resultado que proporciona un modelo cuando se le da un conjunto de datos de entrada.

Prediction bias (sesgo de predicción)
Es la indicación que permite conocer cuánto de alejado está el promedio de las predicciones del promedio de etiquetas en el ejemplo o en el conjunto de datos.

Procesamiento natural del lenguaje
Red neuronal avanzada que puede analizar, comprender y dar respuestas al lenguaje humano a través de un programa informático.

Raíz del error cuadrático medio (RMSE)
Matriz que permite reducir la sensación de errores que ofrece la métrica error medio cuadrático.

Recall (recuperación)
Corresponde a una métrica de modelos de clasificación que dan respuesta a la cuestión siguiente

Red neuronal artificial
Es la base de la inteligencia artificial que desarrolla maneras de programar las computadoras de forma "inteligente". Se inspira en el modo en el que

funciona el cerebro de las personas transmitiendo señales a través de nodos también denominados "neuronas artificiales".

Reglas heurísticas
Instrucciones generales a la hora de realizar búsquedas de una solución a un problema y que sirven como elementos organizativos en el transcurso de la resolución.

Regression Model (modelo de regresión)
Consiste en un tipo de modelo que proporciona como resultado valores continuos (generalmente de punto flotante).

Regularization (regularización)
Se trata de una penalización por la complejidad de un modelo. Con la regularización se previene el sobreajuste.

Regularization rate (tasa de regularización)
Valor para escalar. Si aumenta la tasa de regularización, significa que se reduce el sobreajuste, pero ello puede traducirse en que los resultados de los modelos no sean tan precisos.

ReLU, *Rectified Linear Unit* (unidad lineal rectificada)
Es un atributo de activación de funciones con estas reglas:

- ➲ El resultado será cero si la entrada es negativa o cero.
- ➲ El resultado es igual a la entrada si esta es positiva.

Representation (representación)
Procedimiento por el cual se asignan datos a los atributos rentables.

RMSE, *Root Mean Squared Error* (error de la raíz cuadrada de la media)
Corresponde a la raíz cuadrada del error cuadrático medio.

ROC, *Receiver Operating Characteristic* (curva de rendimiento diagnóstico)
Representa la curva de la tasa de VP (verdaderos positivos) frente a la tasa de FP (falsos positivos) en distintos límenes o umbrales de clasificación.

Rotational invariance (invariancia rotacional)
Está asociado a un problema de clasificación de imágenes. Implica la capacidad del modelo para hacer una certera clasificación aun cuando se modifican las orientaciones de esa imagen.

Scaling (ajuste)

Procedimiento de ajuste por el cual se acota el rango de valores de un atributo con idea de que este coincida con el rango de los otros atributos en el conjunto de datos.

Semi-supervised Learning (aprendizaje semisupervisado)

Responde al entrenamiento de un algoritmo ante datos de entrenamiento con y sin etiquetas.

SGD, Stochastic Gradient Descent (descenso de gradientes estocástico)

Un modelo que se basa en un solo conjunto de datos seleccionados arbitrariamente con idea de realizar un cálculo para estimar el gradiente en cada paso.

Shap values (Shapley Additive exPlanation)

Técnica que interpreta los valores de las predicciones realizadas por los modelos durante el entrenamiento.

Sistema de expertos

Sistema informático capaz de emular el razonamiento propio del ser humano de la misma manera que lo concebiría un experto especializado en un área de conocimiento.

SRM, Structural Risk Minimization (minimización del riesgo estructural)

Modelo de aprendizaje automático que nivela dos objetivos:

⊃ La aspiración de desarrollar el modelo más predictivo.
⊃ La aspiración de mantener el modelo lo más simple posible.

Static Model (modelo estático)

Todo modelo que realiza el entrenamiento sin conexión.

Stationary (estacionalidad)

Se trata de una propiedad de los datos que permanece constante normalmente en un intervalo de tiempo. Un ejemplo de datos que manifiestan estacionalidad es aquel en el que estos no cambian de un mes a otro.

Step size (tamaño de paso)

Término equivalente a la tasa de aprendizaje.

Subsampling (submuestreo)

Término que responde a una consulta de reducción.

Supervided Machine Learning (aprendizaje automático supervisado)
Responde al entrenamiento de un algoritmo a partir de datos de entrada etiquetados.

Synthetic feature (atributo sintético)
Particularidad no presente entre los atributos de entrada, pero que procede de uno o más de ellos.

Target
Término que responde al concepto de etiqueta.

Temporal Data (datos temporales)
Datos que son rastreados en distintos puntos en el tiempo. Por ejemplo, ventas de flotadores registrados en verano que para cada día del año serían contemplados como datos temporales.

Test de Turing
Prueba de capacidad de la máquina para que esta pueda hacer alarde de un comportamiento denominado "inteligente", emulando el comportamiento humano.

TN, *true negative* (verdadero negativo, VN)
Resultado en el que el modelo hizo una predicción acertada de clase negativa. Por ejemplo, el algoritmo predijo que un determinado correo electrónico no era un correo *spam* y en realidad no lo era.

TP, *true positive* (verdadero positivo, VP)
Resultado en el que el modelo hizo una predicción de clase positiva. Por ejemplo, el algoritmo predijo que un determinado correo electrónico era un correo *spam* y así lo era.

Transfer Learning (aprendizaje por transferencia)
Proceso en el que se transfiere información de una tarea de aprendizaje automático a otra.

Unlabeled example (ejemplo sin etiqueta)
Conjunto de datos no etiquetados que contienen atributos.

Unsupervised Machine Learning (aprendizaje automático no supervisado)
Tipo de aprendizaje automático que localiza patrones en un conjunto de datos que habitualmente están sin etiquetar.

Validaton set (conjunto de validación)

Representación de un subconjunto del conjunto de datos, alejado del grupo de datos de entrenamiento, que se utiliza para realizar los ajustes de hiperparámetros.

Web Scraping

Técnica que recopila datos de distintas fuentes para ser extraídos de forma automática.

Weight (peso)

Las conexiones tienen coeficientes numéricos que van adaptándose según los impulsos que reciben; este coeficiente es el peso.

Bibliografía

Monografías

→ BODEN, M. A.: *Artificial Intelligence: A Very Short Introduction (Very Short Introductions)*. Reino Unido: OUP Oxford, 2018.

> Libro de Margarita Boden, profesora de informática y divulgadora de la inteligencia artificial que a su edad avanzada y su gran sapiencia trata desde una perspectiva más espiritual el desarrollo y alcance de esta tecnología inteligente.

→ LEAL, S.: *No te vas a morir*. Sevilla: Punto Rojo Libros, 2019.

> Libro de Silvia Leal, divulgadora científica que trata la transformación digital.

→ RUIZ, J. M.: *Ciberleviatán: El colapso de la democracia liberal frente a la revolución digital*. Barcelona: Arpa Editores, 2019.

> Libro cuyo autor expone de forma muy didáctica la alternativa Ciberleviatán para promulgar un pacto entre la tecnología y la humanidad.

→ STUART Russell, P. N.: *Inteligencia Artificial. Un enfoque moderno*. Madrid: Pearson Educación, 2004.

> Libro que trata el origen y desarrollo de la inteligencia artificial desde una perspectiva innovadora.

→ VV. AA.: *A Proposal for the Dartmouth Summer Research Project on Artificial Intelligence*. Conferencia. *AI Magazine* (27-4), 2006.

> Documento que recoge los contenidos tratados en la Conferencia de Dartmouth como primer evento en el que se trató la inteligencia artificial por distintos expertos de la época, y en el que se pone de manifiesto la Declaración Fundacional de la Conferencia de Dartmouth.

Textos electrónicos, bases de datos y programas informáticos

→ Acelera los flujos de trabajo de medios, de: <https://www.dalet.com>.

> Sitio web que comercializa servicios de multiplataforma para facilitar flujos de trabajo, basados en inteligencia artificial.

→ Aplicación de técnicas de Minería de Datos a datos obtenidos por el Centro Andaluz de Medio Ambiente (CEAMA), de: <https://masteres.ugr.es>.

> Trabajo fin de máster que hace uso de la plataforma de aprendizaje automático *Weka* para explicar las distintas técnicas de minería de datos a través de ejemplos prácticos.

→ Aprendizaje de Reglas, de: <https://ccc.inaoep.mx>.

> Documento publicado por INAOE que sirve de ayuda para comprender una estrategia básica de construcción de modelo basado en árboles de decisión y que hace una comparativa en la aplicación de dos conocidas reglas.

→ Aprendizaje por refuerzo, de: <https://canal.uned.es>.

> Recurso educativo del Canal UNED sobre aprendizaje por refuerzo.

→ Articoolo, de: <http://articoolo.com/>.

> Plataforma que utiliza inteligencia artificial para la creación de contenidos digitales únicos.

→ Así innovan los supermercados para ser más competitivos, de: <https://www.expansion.com>.

> Artículo de prensa digital que informa de las nuevas tendencias de inteligencia artificial aprovechadas por el sector *Retail*.

→ Bertrand Russell: centenario de *Principios de las matemáticas,* de: <https://rac.es>.

> Documento que trata los principios de las matemáticas recogidos en el XII Programa de Promoción de la Cultura y Tecnología.

→ Clases desbalanceadas en modelos de *Machine Learning,* de: <https://www.juanbarrios.com>.

> Artículo web que explica con sencillez cómo afectan las clases desbalanceadas en *Machine Learning* y cómo se ha de proceder.

→ Clasificación de imágenes en *Python,* de: <https://www.aprendemachinelearning.com>.

> Artículo web que muestra la manera en la que se puede construir una red neuronal haciendo una clasificación de imágenes en *Python*.

→ *Data Mining Toolbox in Python,* de: <http://jmlr.org>.

> Artículo publicado en la revista *JMLR,* que trata las técnicas de minería de datos en *Orange.*

→ *Data science technology forhuman sensemaking,* de: <https://www.anaconda.com/>.

> Sitio web que facilita un kit de herramientas específicas y de código abierto para la ciencia de datos *Python/R* y el aprendizaje automático.

→ Drift: La mejor Alternativa a Intercom para el chat de tu Web, de: <https://www.misingresospasivos.com>.

> Artículo que publicita un recurso para hacer un seguimiento de clientes potencial y dar una atención a clientes, haciendo uso de un recurso conversacional o chat dentro de la web.

→ Emérita Legal, de: <https://www.emerita.legal>.

> Sitio web de la plataforma de Emérita Legal orientada a la promoción de información de interés público en el ámbito de la justicia haciendo uso de la inteligencia artificial.

→ Estadísticas IA Conversacional: Chatbots NLP en 2020, de: Landbot: <https://landbot.io>.

> Artículo web que aborda el universo de la inteligencia artificial desde el enfoque conversacional.

→ Gestionamos todos tus proyectos de traducción, de: <https://berba.net>.

> Plataforma de *crowdsourcing* que utiliza inteligencia artificial para ofrecer servicios de traducción rápidos y calidad.

→ *Gradiente Descendiente para aprendizaje automático,* de: <https://www.iartificial.net>.

> Explicación del algoritmo Gradiente y su método a través de ejemplos.

→ Guía sobre el uso de las cookies. Agencia Española de Protección de Datos, de: <https://www.aepd.es>.

> Documento que aporta líneas de actuación para el cumplimiento de la normativa en materia de *cookies* y que permite vislumbrar la gran ingesta de datos recopilados de los usuarios a través de los servicios de internet.

→ Interpretación de Modelos de *Machine Learning,* de: <https://www.aprendemachinelearning.com>.

> Artículo web que trata a lo largo de todo su contenido interesantes temáticas relacionadas con el aprendizaje automático.

→ La Inteligencia Artificial, como el hacha, se puede usar para el bien o para el mal, de: <https://lab.elmundo.es>.

Artículo web que observa la inteligencia artificial desde el prisma y conocimiento de la veterana experta Margaret Boden.

→ La matriz de confusión y sus métricas, de: <https://www.juanbarrios.com>.

Artículo web que trata la matriz de confusión como el instrumento que permite la visualización del desempeño de los algoritmos de aprendizaje supervisado.

→ Las tendencias que debes conocer si eres emprendedor: del *Big Data* al *Blockchain,* de: <https://blogthinkbig.com>.

Interesante artículo que hace recapacitar sobre el siguiente nivel de transformación digital que cualquier empresa o emprendedor debe implementar.

→ Librerías más usadas en *Python,* de: <https://decodigo.com>.

Artículo que muestra una relación de librerías de *Python* para importar, acceder y crear.

→ Los sistemas de información: evolución y desarrollo, de: <http://files.granadasistemasdeinformaion-cur.webnode.es>.

Documento que se puede encontrar en el repositorio de la UNIR, y que trata de los sistemas de información empresariales y su nuevo papel con la intervención de la inteligencia artificial para las relaciones laborales.

→ Lumen5, de: <https://lumen5.com/>.

Software para la creación de contenidos visuales con inteligencia artificial que mejora la experiencia del editor.

→ *ManyChat: Paso a Paso en Español*, de: <https://benllyhidalgo.com>.

Tutorial para aprender a construir un *bot* sin conocimientos de programación.

→ Métricas de Evaluación Clasificación con *Scikit Learn,* de: <https://aprendeia.com>.

Vídeo del canal de Aprende IA que trata cómo se han de implementar las métricas de evaluación de algoritmos de clasificación con la librería de *Python.*

→ Newell, Simon & Shaw desarrollan el primer programa de inteligencia artificial 1955-7/1956, de: <https://www.historyofinformation.com>.

Artículo que explica cómo nació el primer programa de inteligencia artificial.

→ Observatorio Nacional de Telecomunicaciones y la Sociedad de la Información. Obtenido de: <https://www.ontsi.red.es>.

> Sitio web del Observatorio Nacional de las Telecomunicaciones y de la Sociedad de la Información donde se pueden encontrar numerosos estudios, indicadores, políticas y estrategias en torno al desarrollo tecnológico y su impacto.

→ *Orange,* de: <https://orange.biolab.si/>.

> Sitio de descarga de *Orange.*

→ *Python,* de: <https://github.com>.

> Biblioteca de *Python* para depurar/inspeccionar clasificadores de aprendizaje automático y explicar sus predicciones.

→ Tendencias en *eLearning y Formación Online,* de: <https://www.expoelearning.com>.

> Artículo web que muestra interesantes aplicaciones de la inteligencia artificial en el sector de la formación *online.*

→ Tipos de aprendizaje automático, de: <https://medium.com>.

> Artículo web que hace distinción de los diversos tipos de aprendizaje automático, dando una explicación clara y concisa para comprender las diferencias.

→ *Transfer Learning* en modelos profundos, de: <https://empresas.blogthinkbig.com>.

> Interesante artículo web que trata desde el enfoque del aprendizaje profundo cómo clasificar imágenes con *Transfer Learning.*

→ Un filósofo en *Silicon Valley,* de: <https://ethic.es>.

> Interesante artículo que pone de manifiesto el papel del filósofo en la construcción de la inteligencia artificial.

→ Usando la Inteligencia Artificial para predecir dónde y cuándo caerá un rayo, de: <https://smart-lighting.es>.

> Artículo web que trata la capacidad predictiva de la inteligencia artificial para determinar situaciones futuribles de carácter atmosférico.

→ *Weka,* de: <https://waikato.github.io>.

> Sitio de descarga de *Weka.*